陈巍 著

# 古代丝绸之路
GUDAI SICHOU ZHI LU

# 科技群星录
KEJI QUNXINGLU

内蒙古人民出版社

**图书在版编目(CIP)数据**

古代丝绸之路科技群星录 / 陈巍著. -- 呼和浩特：内蒙古人民出版社，2023.10
ISBN 978-7-204-17195-8

Ⅰ.①古… Ⅱ.①陈… Ⅲ.①科学家-列传-世界 Ⅳ.①K816.1

中国版本图书馆 CIP 数据核字(2022)第 119678 号

## 古代丝绸之路科技群星录
GUDAI SICHOU ZHI LU KEJI QUNXINGLU

| 作　　者 | 陈　巍 |
|---|---|
| 责任编辑 | 王　瑶 |
| 封面设计 | 吉　雅 |
| 出版发行 | 内蒙古人民出版社 |
| 地　　址 | 呼和浩特市新城区中山东路 8 号波士名人国际 B 座 5 楼 |
| 网　　址 | http://www.impph.cn |
| 印　　刷 | 内蒙古爱信达教育印务有限责任公司 |
| 开　　本 | 880mm×1230mm　1/32 |
| 印　　张 | 11.625 |
| 字　　数 | 170 千 |
| 版　　次 | 2023 年 10 月第 1 版 |
| 印　　次 | 2023 年 10 月第 1 次印刷 |
| 印　　数 | 1—3000 册 |
| 书　　号 | ISBN 978-7-204-17195-8 |
| 定　　价 | 42.00 元 |

如发现印装质量问题，请与我社联系。联系电话：(0471)3946120

# 前言

"人类命运共同体"是党中央和国家对人类文明发展进程提出的真知灼见,"一带一路"倡议则是构建人类命运共同体的显著实践之一。科技创新是人类文明发展的不竭动力,也是"一带一路"各合作伙伴高度认同的合作领域,"一带一路"也成为深受欢迎的国际合作平台。"一带一路"科技合作的高质量发展,不仅重在当下,还有助于发掘和传播各合作伙伴的科技文明遗产,有助于认识各国科学文化在塑造人类命运共同体过程中起到的积极作用,有助于我们求同存异,顺畅开展国际交流。

目前,国内读者对欧美科技成就比较熟悉,但对曾在人类文明发展中发挥关键作用的古代丝绸之路上的科技成就的认识却很匮乏。而缺乏对古代丝绸之路科技发展的了解，就不可能准确认识人类科技文明的整体性。目前，几乎没有从中国视角对古代丝绸之路上的科学家进行整体介绍的作品。

讲述古代丝绸之路科学家故事，既有助于鉴古知今，丰富国家倡议的历史和实践诠释，发展与各合作伙伴的科技创新合作伙伴关系，也能够激发青少年读者树立克服艰难困阻、勇于求知的丝路精神，以此弘扬科学精神和科学家精神，促进全民科学素质提升。

本书收录了35位在古代丝绸之路科技史上取得非凡造诣、为促进科技文化交流作出突出贡献的杰出人物，以图文并茂的小传形式，介绍他们的生平、学术传承脉络、在科技领域取得的成就以及对后世的影响。

书中涉及的人物，以古代为主，少数活跃年代晚至19世纪。在地域上尽量覆盖丝绸之路从东亚到地中海的广袤范围。所选传主包括21位西亚、北非地区科学家(少数中亚和欧洲伊比利亚半岛的科学家因受伊斯兰文化影响较大，编入"西亚、北非篇")，4位南亚、东南亚地区科学家，还包括在东西方科技交流中作出贡献的6位欧洲人以及4位中国人。需要特别说明的是，本书选录的中国科学家数量较少，这并不是说中国传统科技不重要或欠发达，而是出于把写作重心放到此前国内学界罕有关注的外国科学家上这一考虑。期待这本小书能够帮助读者了解古代人物，也便于未来更深入地研究。

本书在编撰过程中查阅了大量原始资料和研究文献，先后受到中国科学院自然科学史研究所"十三五"重大项目"蒙古时代贸易与技术知识传播"、中国科学院青年创新促进会项目"古代东西方金银冶炼术比较研究"、中国科学院国际合作局"一带一路"专项项目"丝路环境与文明演化"等项目的支持。

本书中的大多数文章发表于《中国科技教育》"历史上的丝路科技"专栏，在此谨向长期大力支持此专栏的祝贺老师、林利琴主编、毕晨辉老师、秦丽雪老师等致以谢忱。感谢陈发虎院士、张柏春研究员、董杰教授、侯居峙研究员、谢海超博士、黄糯先生等在成书期间给予的帮助。

陈 巍
2023 年 6 月

# 目录

**中国篇**

凿空西域的使者——张骞　　　　　　　　　　3

汇聚千万里诸邦之大不同——汪大渊　　　　　9

宋元棉路的技术传播先驱——黄道婆　　　　　18

中国和伊朗文化交流的使者——孛罗　　　　　29

## 西亚·北非篇

"医中之王"——伊本·西那　41

10世纪的桂冠学者——比鲁尼　52

"智慧宫"里的参天大树——巴努·穆萨兄弟　63

虚实之间的化学之父——贾比尔·伊本·海扬　74

大陆边陲的"科学王"——欧麦尔二世　84

阿拉伯本草学黄金时代的代表人物——伊本·贝塔尔　94

哥伦布的东方镜鉴——皮里·雷斯　105

从"鹰巢"图书馆到大汗天文台

　——纳西尔丁·图西　119

七百年前的二十万里壮游——伊本·白图泰　129

"也门之舌"——哈姆达尼　140

现代外科学之父——宰赫拉威　150

阿拉伯科学与哲学的先驱——肯迪　161

为大汗献出天文与算术之钥——阿尔·卡西　171

千年前的进化论疑云——贾希兹与他的《动物学》　182

西亚小国的机械大才——加扎里　192

中世纪经济学的先驱——迪马士基　201

掌管丝路上另一类涌流的人——马赞德拉尼　211

实验室工作的先驱——拉齐　221

继承与创新并重的精密科学家
　　——塔比·伊本·库拉　232

安达卢西亚的农学家——阿瓦姆　243

古埃及象形文字的最早破解者——瓦哈什叶　251

## 南亚·东南亚篇

古印度数学的珍宝——婆罗摩笈多　263

一名吃货的自我修养——巴布尔　273

东西方十字路口的数学家——哈蒂布　283

泰国科技之父——拉玛四世　291

## 欧洲篇

丝绸之路上的药物学先驱——迪奥斯科里德斯　　303

行走丝绸之路的万事通——裴格罗蒂　　315

中世纪西方医学的天降之人——康斯坦丁　　325

热带医学的先驱——加西亚·德·奥尔塔　　335

在南太平洋为植物寻找新居——皮埃尔·波弗　　344

热衷于中国植物的英国商人——布雷克　　354

中国篇

## 凿空西域的使者
### ——张骞

对于"丝绸之路"这个概念,学界有不同定义。其中一种较为传统的观点是丝绸之路是从中国古都长安或洛阳出发,经过今天的甘肃、新疆,到达中亚、西亚和欧洲等地的陆上贸易通道。以这两个古都为出发点,把定都于彼的汉朝和唐朝作为丝绸之路研究的主要关注时期。而汉朝对外关系史上里程碑式的人物当属张骞。《史记》等书称赞他有"凿空"之功,"凿空"即"空前"之意。后世也常将张骞尊奉为把许多外来事物带入中国的鼻祖。这都让张骞成为中外科技交流史上无法回避的人物。

### 凿空之旅

张骞是汉中人,他一生两次出使西域。第一次始于公元前139年,张骞奉汉武帝之命,在匈奴人甘父引导下出使月氏,欲与之建立联系,但穿越匈奴属地时被匈奴俘获。十余年后他才逃脱,并继续沿天山南麓向西进发,先后抵达大宛、康居、月氏、大夏等地(今中亚费尔干纳盆地及巴基斯坦北部和阿富汗等地)。不过张骞并没有完成劝月氏联汉抗匈的使命,在月氏和大夏待一年多后取道昆仑山北麓踏上返程,但途中又被匈奴擒获,直到公元前126年才相机回到中原。

张骞这次出使,亲临数地,搜集了附近五六个国家和部族的资料,并将这些宝贵信息汇报给汉武帝。这些资料对汉朝与域外交流产生了重大影响。首先,汉朝因此重启了统一西南地区的计划。张骞向汉武帝报告在大夏看到从身毒(今印度)转运的货物,他们的贸易通道无须途经匈奴,从西南即可与西域建立联系。汉武帝随即派使节分四路前往西南探路,虽四路分别在今四川西部和云南西南部被阻挡,但使汉朝对云南和贵州的情况更加熟悉。第二,汉朝在有力打击匈奴后制定了联络西域以

敦煌莫高窟第 323 窟壁画中的张骞出使图

"断匈奴右臂"的政策。公元前 129 至 119 年,卫青、霍去病等名将数次击败匈奴,很大程度上削弱了匈奴对通往西域道路的控制。张骞也参与了其中的几次战争。

公元前 119 年,张骞第二次出使西域。这次使团的规模比第一次大得多,也顺利得多。张骞主要在乌孙开展活动,其副使则前往大宛、康居、月氏、大夏等地。公元前 116 年,张骞率数十名乌孙使者及数十匹乌孙良马返回长安,旨在让西域人了解汉朝之广大,把看到的汉朝情况带回西域。

第二次出使归来后,张骞官拜九卿一级的"大行"。一年多后,张骞去世。他所派副使陆续偕同各国使者归来,最终汉朝与西域建立了稳定联系。

**知识遗产**

张骞本人生前并没有让汉朝与西域达成联盟,但他的文化影响远大于政治成果。他死后,汉朝使节仍常利用张骞遗留的声望,打着其封号"博望侯"西行,继续扩大汉朝对西域的影响。

首先,张骞不但成为后世中国外派使者的楷模,而且刺激了一般民众效仿他走出国门改变命运。史书记载,张骞之后"吏士争上书言外国奇怪利害,求使"。政府则不管这些人来历如何,滥发使节。虽然这在外交上造成不少争端,但通过放任出使,为流动性较强的游侠和商贾等群体创造了一条出路,也营造了一种局部开放的社会心态,推动了丝绸之路的进一步发展。

第二,张骞为汉朝君臣带来更广阔的地理视野。汉朝对西域的了解在张骞出使之后发生了翻天覆地的变化。除各国情况外,汉使溯及和田河源头,发现许多玉石,汉武帝按古书记载,将该河所出山脉命名为昆仑,这是继祁连山后,汉武帝正式认定的另一条中国主要山脉。另一方面,张骞向朝廷报告潜在的南方丝绸之路后,汉朝加强了对具有重大价值的西南少数民族地区的关注,从而加速了统一华南和西南的进程。

第三,张骞促进了不同地域间物质和技艺的流动。张骞等使者携带大量牲畜、金银、纺织品前往西域,打破了匈奴对汉朝手工产品向外输出的垄断,实现了西域与汉朝的往来。到达大宛以西地方的汉使降卒等还向当地人传授铸造工艺。根据《史记》《汉书》等史料,张骞带回的域外之物主要是乌孙马。热衷于西北"神马"的汉武帝起初视其为"天马",不久之后更加雄壮的大宛马又夺过"天马"桂冠。汉朝每年派遣大量使者到西域获马。汉朝使者发现大宛多用苜蓿饲养马匹,又发现西域人多饮难以腐坏的葡萄酒,便将苜蓿和葡萄的种子带回汉朝。汉武帝拨出肥沃土地种植这两种植物,甚至在离宫别苑种植得一望无际。在张骞影响下来到中国的,还有大鸟卵(鸵鸟蛋)、角抵(相扑)、奇戏(魔术)等新奇事物。

需要指出的是,许多域外物品都以张骞为传入始祖,

俄罗斯境内的阿巴坎古城（一度被认为是李陵所居城址）出土的带汉字的瓦当

这有时并不完全准确。有些物品的传入时间要早于张骞（如葡萄），有些物品稍晚于张骞，只是附会于张骞（如黄瓜）。对待这些事物，我们应辨析清楚。

## 汇聚千万里诸邦之大不同
## ——汪大渊

郑和下西洋可谓中国古代航海史上最为辉煌的一个篇章,而这样的壮举显然需要几个方面的支撑。首先,明朝雄厚的国力支持了这支人员规模近三万的船队、他们的给养以及随船携带的丰厚礼物。第二,明朝初年组建的龙江船厂,数百名工匠的娴熟技艺创造了宝船这样的古代造船奇迹。第三,从唐朝开始的数百年间,朝廷对海外贸易的开放政策让中国人积累了对海上丝绸之路沿线的广泛了解。最后,掌握了一定的航海知识,包括出海必需的洋流、风向、水文等航行经验,沿途各地的势力分布、风土人情、物产货用等信息。这些有助于郑和达成中外友好往来的出使目的。

在郑和之前,不少往来于丝绸之路的人留下相关记载,为郑和航海奠定了基础,其中杰出代表当属生活在元朝晚期的汪大渊。他年轻时出洋周游二十余国,以亲身经历为基础留下的翔实记载,不仅是我们今天了解海上丝绸之路历史的珍贵史料,也是郑和船队的外交指南。

### 弱冠远游

汪大渊的生平仅见于他所著的《岛夷志略》。该书原非单行著作,而是元朝末年吴鉴所编《清源续志》的附录《岛夷志》(清代改名为"岛夷志略")。清源就是现在的福建泉州市。这里自11世纪末起就设立了管理海上对外贸易的市舶司,成为此后近300年里中国对外交流的重要甚至首要窗口,汇集了许多异邦人士。因此对海外诸国的描述是这里地方志书不可或缺,同时也颇具特色的一个方面。

在吴鉴为汪大渊所写的序言里,历数了元朝建立后官方和民间在航海方面的成就,而当时外国的风俗、土产、人物、奇闻逸事以及奇珍异宝在中国已不罕见,但要想知道其实际情况,则亲历者多三缄其口。只有豫章人

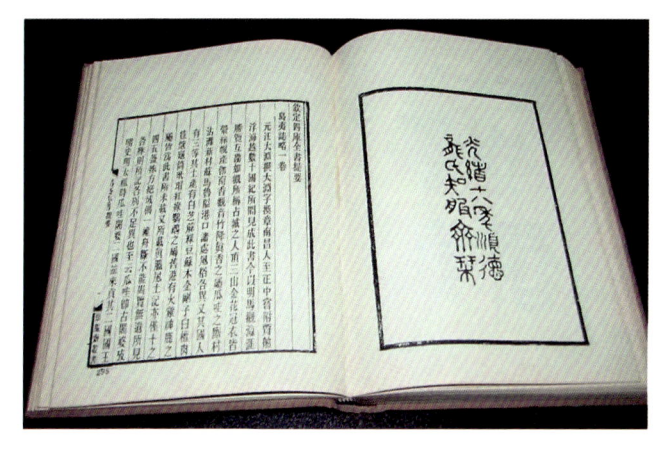

《岛夷志略》

汪焕章,既有亲涉海外的经历,又言必可信,因此把他的记录附于县志之后,以供后人参考。

这位汪焕章,就是汪大渊。他籍贯豫章,也就是江西。在另一篇序言中,曾有人提到他"冠年尝两附舶东西洋"。这里的"冠年",在古代指男子二十岁。汪大渊在文中曾说在1330年冬泊于大佛山(今斯里兰卡岛西岸)下,即他有可能在此年年初乘东北季风从中国南下,在东南亚等待冬季刮起东风向印度进发。如果是这样,那么可推算出汪大渊生于1311年。

二十多岁时,汪大渊两次从泉州出海,第一次用时五

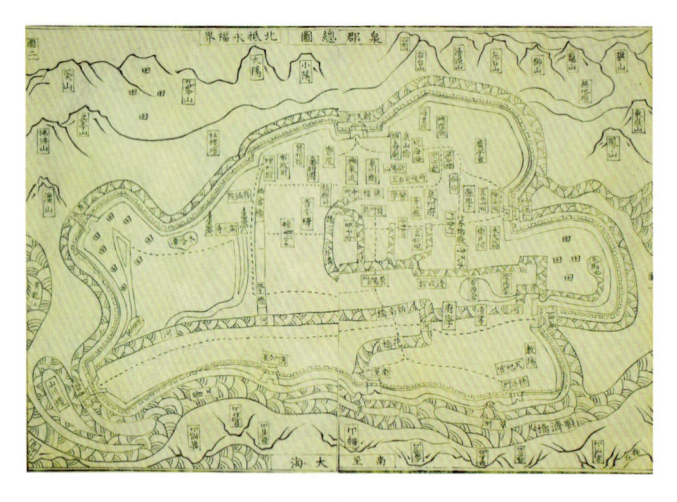

明万历年间修《泉州府志》中的泉州府地图

年,第二次用时三年。凡所过之处,他都非常用心地对当地山川、土俗、风景、物产等方面赋诗记录,很多事情在旁人眼中"可怪、可愕、可鄙、可笑",但在他那里都是"身所游览,耳目所亲见"的实际情况。对于道听途说之事,他则弃而不记。

第一次出洋归来后,汪大渊很可能已经积累了不少笔记,受邀把它们编入《清源续志》。随后他回到江西老家,于1350年单独刊刻《岛夷志略》。此后元末农民起义在各地风起云涌,我们就无从查证汪大渊的消息了。

## 亲历之书

比汪大渊更早或同时代,也有不少中国人撰写了记述海外信息的著作,如宋朝赵汝适的《诸蕃志》、周去非的《岭外代答》,元朝周达观的《真腊风土记》,元末明初周致中的《异域志》等。但这些著作要么是身不出海的作者对历代文献的辑录或对域外商人的询问记录,要么仅局限于部分所到地区,要么所记简略且荒诞无稽。尽管汪大渊本人并非科学家,但在"身游目识,能详其实"的求真态度下,《岛夷志略》在同类著作中展现出突出的科学价值。

现存《岛夷志略》共收录99条国家、港口信息。这些地方东起琉球群岛,西到阿拉伯半岛与东非海岸,多为作者亲身所到之处。也有一些地名因地处内陆(例如位于今土库曼斯坦马雷的"马鲁涧"和今伊拉克摩苏尔的"麻呵斯离"),令人怀疑作者是否真的靠陆上岸远行至此。总的来说,此书涵盖了我国东海、南海周边各地,及海上丝绸之路上环绕北印度洋东、北、西三个方向的广大区域。

对于各地方位,《岛夷志略》所记并不详细。尽管它提示了一些容易迷失航向或搁浅的地方,但这并不是精确的导航指南。不过对于部分地方的地形和地貌,作者给出了较为详细的描述。如对于"麻里鲁"(今菲律宾马尼拉),汪大渊记载它"小港迢递,入于其地。山隆而水多卤股石",这与马尼拉仅可从西南面有小岛扼峙的马尼拉湾出海、城依河而建以及地表多由珊瑚层积岩石覆盖的实际情况相符。又如说"勃泥"(今文莱)"龙山磐碑于其右",在今文莱以东确实有座毛律山,其最高峰海拔达2400余米。可见,汪大渊所记多确有其事。

荷兰航海者1665年绘制的马尼拉港口

对于今越南南部海中的昆仑群岛,作者说它"山高而方,根盘几百里"。这里所用的"根盘"在"万里石塘"(今西沙群岛)条中得到呼应。这些珊瑚岛在汪大渊眼中,"迤逦如长蛇,横亘海中",它们所展现的"石塘之骨",源于潮州,按至爪哇、至勃泥和古里地闷(包括今文莱一带和帝汶岛)、至昆仑岛分为三个分支,将海外之地与中国连接起来。尽管这属于古代风水地理热衷的地脉学说,但也体现了汪大渊从地理角度跨越海洋分隔,构建域外与中国本土之间联系的尝试。

对于出洋经商者来说,最重要的一类信息当属各地物产。《岛夷志略》中这类经济地理资料翔实而丰富。书中对各地矿物、农产品等时有提及。如在斯里兰卡西部的明家罗,"一岛土中红石,掘而取之,其色红活,名鸦鹘也"。这种吸引商人用金银换取的"鸦鹘",就是阿拉伯语中的 yaqut,即红刚玉,是古代丝绸之路上最名贵的宝石之一。此外,像马来半岛的花锡、爪哇的胡椒、苏禄的珍珠等丝绸之路上的大宗商品,《岛夷志略》自然也不会漏过。除物产外,对于每个地方,汪大渊都记录了其比较受欢迎的商品。商人通常要在所到港口销售物品和补货,因此市场交易品种是他们的必备知识。

斯里兰卡采宝石者

总之,《岛夷志略》为我们展现的,是一位敏而好学、孜孜不倦且善于思考的年轻旅行家形象,这让我们在阅读该书时,不仅可以了解历史实况,也可领略作者鲜活的性情。

**后世影响**

汪大渊返乡后刊刻其著作,志在"以广其传"。不过这部书很长时间里可能只在专业人士圈子里流传,因为它并没有被收入《永乐大典》等全国性类书中,甚至我们现在都分不清楚《清源续志》所附的《岛夷志》和《岛夷志略》的内容是否完全相同。不过，可以肯定的是，汪大渊的著作给郑和航海活动带来了直接影响，因为郑和的翻译官马欢和费信都仔细阅读过《岛夷志》。

马欢在随郑和出航前就通览过《岛夷志》，并感慨道"普天之下各地情况怎会如此不同"。直到他出洋见识过千万里"鲸波浩渺"后，目睹各地天时气候、地理人物，才认识到《岛夷志》所记并不虚妄。另一名翻译官费信所著的《星槎胜览》有一半内容引自《岛夷志》。此后，随着明朝推行海禁，知识分子了解域外信息的渠道变得狭窄，《岛夷志》的内容又出现在晚明福建学者张燮所著《东西洋考》等著作之中。

然而，或许也是出于明朝严肃海防的原因，汪大渊的著作流传甚少，到清朝已仅剩少数抄本。尽管明朝有不少海外史地著作，但如前所述，它们或多或少受到《岛夷志》的影响，所以这部书的价值是难以估量的。

## 宋元棉路的技术传播先驱
### ——黄道婆

"黄婆婆,黄婆婆,教我纱,教我布,二只筒子二匹布。"这句在上海徐汇区华泾镇一带流传的歌谣,赞颂的就是我们熟悉的黄道婆在古代棉纺织技艺领域的贡献。在过去,家庭纺织技艺一般母女传授,世代沿袭。但在科技发展日新月异的现代,传统纺织这种看似过时的生产方式,逐渐被人淡忘。黄道婆那在历史中本不清晰的身影,更是只能隐藏于我们儿时记忆的角落。然而,黄道婆和以她为代表的纺织技术革新家,对中国棉纺织业的深远影响是不可磨灭的,在世界科技发展史上也占据一席之地。如果我们从丝绸之路科技传播的角度来看,可以更加清晰地观察到这一点。

**模糊身世**

黄道婆是宋末元初人,关于她的生平,见于一些元代文人的记述。元末客居松江的陶宗仪在《南村辍耕录》中说:"国初(即元朝初年)时,有一妪名黄道婆者,自崖州来。"如果只凭这条记载,我们对黄道婆的出身不免疑问:她是崖州(今属三亚市)人吗?为什么会从遥远的海南来到长江口呢?

这些问题我们可以从元朝末年曾住在乌泥泾的王逢那里得到部分解答。他在诗歌《黄道婆祠》的序言中提到,黄道婆就是松江乌泥泾人,年轻时流落到崖州,元贞(1295—1296年)年间才乘海船返乡。她孜孜不倦地把"纺木棉花,织崖州被"的技艺传授给当地妇女,没过多长时间,乌泥泾所产棉被就天下闻名,仰赖这项产业为生的人足有千余家。同乡人对于黄道婆深怀感激之情,因此在她去世后为她立祠祭祀。王逢在诗中描述了黄道婆所传崖州布被的特点:由五色棉线织成,花纹以"组雾紃云粲花草"为主。

以上两则与黄道婆相距不远的史料,对其生平叙述都比较平实。到明清时期,黄道婆的形象逐渐被神化,被称作"黄娘娘",其祭祀也上升到官方层面。当时,每年上海各地女性都要组织集体祭拜,"以母道事之",来纪念这位开创"衣食之源"的为民造福者。同时,围绕黄道婆的民间传说也日益增多,且随着时代变迁又增添了"反抗封建包办婚姻"等内容。这些后世涂抹与史实间的差异,是我们应加以辨析的。

**棉路使者**

黄道婆所传为木棉纺织技艺,即陶宗仪所记的"吉贝"。据研究,吉贝(闽南语发音为 ka-pok)为梵语 Karpassa 的音译,指的是木棉树的红色花朵。这种植物原产于印度,在孟加拉地区称作 kapok,在缅甸称 let-pan,在爪哇岛称 ceiba,这些地区"木棉"的发音均与"吉贝"接近,暗示了这种植物的流传地域。据记载,早在秦汉时期,中国华南地区就已引入该树种,因其特殊的外观和产地,获得了许多名称。如它开花时,满树的红花貌似火焰,遂得名"烽火";它多生长于简称"琼"的海南,于是被称作"琼枝";在森林里它常高出其他树木一头,故被称为"英雄树"。

尽管在早期文献里,"木棉"是对所有植物棉的统称,但根据具体描述,后来特指"结子大如酒杯,絮吐于口,茸茸如细毛"的木棉纤维。这种植物在华南一带很早就被注意到,特别是海南一带,被当地人用来织布。与"草棉",也就是现在所说的棉花类似的是,木棉的种子也包裹在棉絮之中,故在获取纤维时,也面临去除棉籽的问题。所以早期流传于海南一带的木棉与草棉在纺织技艺上存在共通之处。

那么,宋元时期的草棉流传情况又是如何呢?广泛地说,棉花早在汉代就已出现在现在的新疆地区了,但由于种种原因并未传入内地。在很长时间内,蚕丝和麻葛仍为中原地区制作衣物的主要原料。直到宋元时期,草棉才经玉门关移植到陕西,再进一步移植到河南。到了元世祖忽必烈时期,颁布了一系列政策鼓励种棉,棉花种植才在内地各省迅速扩散。

据陶宗仪说,在黄道婆来之前,松江由于土地贫瘠,不宜从事粮食生产,宜设法栽种木棉等经济作物。最初的纺织技艺很原始,只能用手剖去棉籽,用很小的竹弓弹花,"厥功甚艰"。黄道婆带来或改进的捍、弹、纺、织等技法及工具极大提高了剥除棉籽、把成条或成团的棉絮弹松软、抽纺棉纱以及织造棉布等各个生产环节的效率。

她还把流传于南洋的织造技艺融入松江一带本就流传的错纱、配色、综线、挈花等提花纺织技艺中,从而使乌泥泾的棉纺织产品从产量和质量上都骤然上了一个大台阶。

木棉及其果实

不过,当时黄道婆并非技术革新的唯一主角。几乎与她同时,随着棉花种植规模的迅速扩大,其他地方也改进和使用了一些棉纺织机械。例如成书于1313年的王祯的《农书》里,就记载了轧棉工具搅车,这种用曲柄带动的机械在去除棉籽的效率上较此前的辗轴提高了许多。《农书》还记载了弹松棉花的约四尺长的弹弓及用于纺纱的纺车等。

中国篇

黄道婆织布机

古代丝绸之路科技群星录

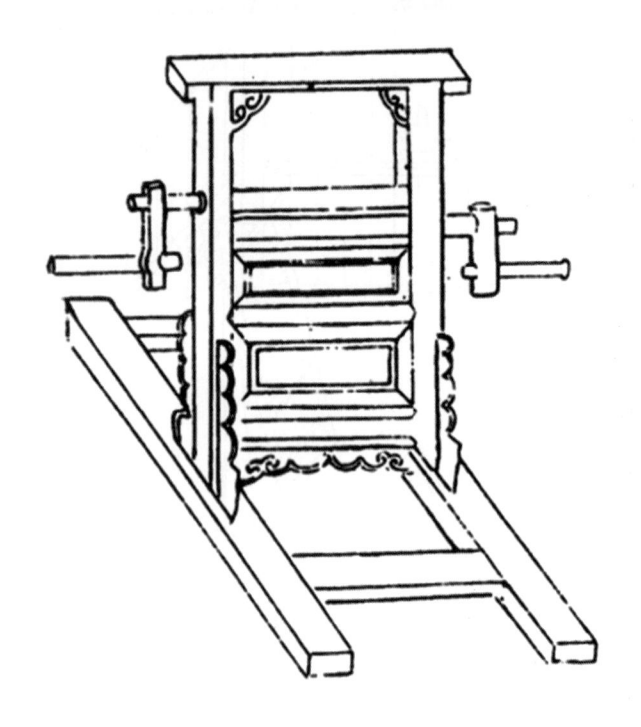

王祯《农书》中的搅车

值得注意的是,王祯曾在今安徽旌德和江西广丰等地任县令,这些地方距离黄道婆的家乡松江不远。据王祯所述,元朝统一后,来自海南的木棉织物流传渐广,所以他是有可能接触到黄道婆传入松江的海南风格棉织物的。但从皖南赣北到长江口,对于技术传播而言距离又不算近,王祯记载的工具看起来不像是新近出现的,倒像是经过一段时间积累和扩散的。

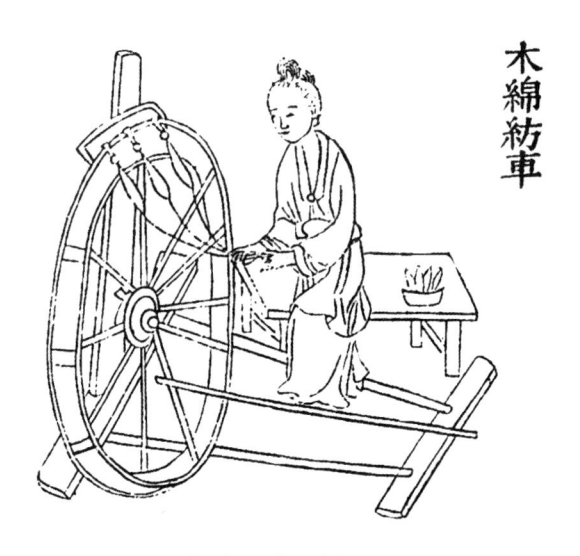

王祯《农书》中的纺车

另外,参考世界其他地方的类似技艺可以发现,哪怕历经千年,仍存在不同发展阶段的工具并存的现象。如手摇式搅车最早出现在印度,但那里至今仍有不少人使用辗棍甚至徒手剥棉籽。另一方面,在不同地区常会存在外观极为相近的同类技术,如印度纺车与中国纺车。

古代丝绸之路科技群星录

印度纺棉者及其工具（1866年拍摄）

综合考虑，当时棉纺织工具传播恐有多条路线，分别不同程度地结合了新传入的棉纺织技艺与旧有的丝麻纺织技艺。例如王祯就记载了淮河一带农民用高粱代替竹条来制作加工棉条的工具卷筳这一创新性技术，还记载了源于福建的纺棉工具軖床等。可见在当时许多地方，能工巧匠都在积极寻求新工艺或改进工艺。然而可以确定的是，尽管黄道婆不是各类器具的发明者，但她以最直接的方式，把连同纺织工具、技艺和产品类型打包传播到对它们需求最迫切的地区，从而成为当时先进手工业技术传播的杰出代表。

## 不应遗忘

鉴于传播技艺、创生产业、造福乡土等功绩,黄道婆在科技史上留下了浓墨重彩的一笔,她虽生活在中国,却把盛行于东南亚和南亚的棉纺织技艺传入江南,从而补全了棉花的全球传播链,从这个角度来说可视黄道婆为古代丝绸之路技艺交流的先驱。李约瑟等科技史家都给予她高度评价,联合国教科文组织更称赞她为"世界级的科学家"。

然而,我们也可以看到,黄道婆的生平、她与各项技艺革新之间虚虚实实的关系及与她有关的大众信仰等方面,仍存在许多悬而未解的谜团。这需要我们积极发掘和研究新旧史料,从全球技术发展的宽广视野中更加全面准确地认识黄道婆的功绩。

随着城市化和产业化程度的提高,以往家家户户纺纱织布的场景已与我们渐行渐远,昔日"衣被天下"的乌泥泾手工棉纺织技术的传承也越发艰难。目前,掌握手工棉纺织和印染技艺的传承人年事已高,记载有关技术的专门书籍、影像资料仍严重缺失,庙宇祭祀、仪式以及习俗也无迹可寻。然而作为在不同民族间传承技艺的先驱人物,黄道婆的卓越贡献,不应随传统纺织技艺的边缘化而被人淡忘。相信随着国人文化自信的增强以及对传统工艺生态的重建,黄道婆的遗产必将焕发出新的生命力。

上海徐汇区的黄道婆纪念馆

# 中国和伊朗文化交流的使者
## ——孛罗

说起古代的大旅行家,马可·波罗的大名可谓家喻户晓。他口述的游记把元朝时期中国经济繁荣、文化发达的景象生动地传播到欧洲,让欧洲人关于东方的想象更加具体,推动着后来的探险家们继续开辟通往东方之路。在过去几个世纪里,关于马可·波罗是否真正到过中国,他的见闻究竟是不是他本人的亲身经历,学界一直存在争论。直到近年,一些新的研究才让大家越来越确定马可·波罗并非一个牛皮大王,而是的确亲临过中国。

毫无疑问,马可·波罗是古代东西方交流史上的一颗明星。不过,与马可·波罗同时代,还有一人和他游历方向相反——从东亚的元朝去往西亚的伊利汗国(约相当于今天的伊朗一带),甚至他的名字也与马可·波罗非常接近,他就是孛罗(逝世于1313年)。过去有人甚至把这两人画等号,认为他们是同一人。

## 少年丞相

"孛罗"在蒙古语里是"钢铁"的意思,是常见的名字。元朝政坛上活跃着好几个"孛罗",我们所说的这位"孛罗"又被称为孛罗丞相。他来自蒙古朵儿边部(即后来的杜尔伯特部),祖父和父亲都对成吉思汗忠心耿耿,因此被授予怯薛(即大汗的高级侍从)。孛罗从小展现出过人的聪慧,被忽必烈指派与皇子一起接受汉文化教育。十几岁时,孛罗就成为忽必烈的宫廷侍卫、负责掌管宫廷饮食的宝儿赤(司膳)以及怯薛的长官。

1260年忽必烈成为大汗后,让孛罗承担了很多重要的工作,如参与审判曾与忽必烈争夺大汗位的阿里不哥等人。在二十多岁时,孛罗已经出任管理法律、礼仪等事务以及行政中枢(中书省)的要职,因而得到"孛罗丞相"的尊称。他曾向忽必烈提议组建促进全国农业生产的司农司,后担任这个部门的长官大司农数年之久。在此期间,孛罗还奉旨设立秘书监,负责收藏各种图书、拟定官吏俸钱,还合并了回回司天台和汉儿司天台。

在短短十几年里,孛罗在许多重要机构历练过,并担任这些机构的长官。这使得他对元朝典章制度非常熟悉,对农田水利、朝廷仪制、宫禁事务、收藏图书等事务都了如指掌。更重要的是,他在出色完成职务的过程中,展现出娴熟的与汉族官员合作共事的能力,从而成功地协调了蒙汉关系。

## 出使西亚

1283年,孛罗迎来了他人生的一个转折点,就是奉忽必烈之命出使伊利汗国。这个汗国由忽必烈的弟弟旭烈兀在征服伊朗和两河流域后创建,执行与元朝结盟、对抗埃及马穆鲁克王朝和北边金帐汗国的国策。经过大约一年的长途跋涉,孛罗来到波斯觐见了时任伊利汗、旭烈兀的孙子阿鲁浑。完成使命后,孛罗归途受阻,从此留在波斯。

初在异国他乡,孛罗主要凭借忽必烈特使的身份,在伊利汗国境内调和鼎鼐,弥补统治者与当地权贵之间的裂缝。1295年,孛罗又在伊利汗国的王者之争中保持不偏不倚的立场,成为备受两位汗位争夺者信任的调停人。因此在合赞汗(在位于1295—1304年)当政期间,孛罗除保持尊贵的顾问身份外,又开始拥有实际的军政权力,并作为大札鲁呼(大审判团)成员审理了一些地方政权方面的纷争。1304年合赞汗去世后,完者都继任伊利汗,孛罗一度成为宫廷中排名第二的重臣,而完者都不但授予孛罗军权,还委派他率军镇守边关。1313年,孛罗奉命前往阿儿兰驻守。半年后,在那里牧场的冬营地去世。

孛罗奉旨出使留居波斯后,他的行踪在中国史料中几乎完全消失。仅在他去世之前两年内,被元仁宗封为泽国公。元仁宗派使前往波斯,赐金印给孛罗。这为孛罗在异国他乡的功业画上一个圆满的句号。

**文化使者**

孛罗在伊利汗国活动的史料几乎全为波斯文。近几十年来,勤奋的学者们不仅细致勾画出他后半生的活动踪迹,还挖掘出他充分发挥早年阅历,把元朝的许多典章制度,包括诸多科技门类在内的中国文化信息传递到波斯。自20世纪90年代以来,美国学者艾尔森、中国学者王一丹等在一系列著述中揭示了孛罗作为"文化传播者"

在中伊文化交流史上的重要位置。

合赞汗时期的犹太宰相拉施特,曾编著了对后世影响巨大的通史《史集》一书。拉施特与孛罗关系亲密,据说他们"相处如同师生,怡然自得的异密(指孛罗)所讲述的一切,学识渊博的宰相(指拉施特)都细心聆听"。《史集》称颂孛罗"在通晓各种技艺、熟悉突厥诸部落起源及其历史,尤其是蒙古史方面,是举世无双的"。孛罗为拉施特提供的资料,是《史集》中关于忽必烈生平、中国历史等篇章的主要来源。《史集》还记载了合赞汗祭祀神树时,孛罗向他讲述蒙古族祖先向古树祈祷并赢得战斗胜利的故事,合赞汗听后倍感称心。

《史集》中"塞尔柱帝国苏丹穆罕默德一世·塔帕尔加冕"的插画

强敌环伺的环境使伊利汗国所参与的丝绸之路交通和贸易时常受到影响,这让以征战赏赐笼络重臣立国的汗国背负沉重压力。1294年,伊利汗乞合都试图仿效元朝推行纸币,来弥补金银的匮乏。要设计这项新制度,谙熟元朝纸钞的孛罗自然是最重要的顾问人选。《史集》等许多资料都记载了孛罗在其中发挥过的重大作用。然而在元朝信用良好的纸钞,在波斯却完全不为人民所接受。这场币值改革很快失败:市场商贩拒绝接受纸钞而倒退回以物易物的状态,不少地方甚至发生动乱。乞合都只好宣布终止改革。

尽管纸币改革失败了,但在文化方面它还有个副产品,就是雕版印刷术。在元朝秘书监任职期间,孛罗曾请求皇帝批准成立掌管雕印文书的兴文署,署内设有抄写员、校对员、雕字匠、印匠等涵盖雕版印刷所有流程的技术人员。对文书制作的了解让孛罗在为乞合都提供建议时,也描述了元朝纸钞的制作工艺细节。这一整套流程都记载在《史集》当中,拉施特讲述的印刷工序与元朝秘书监中工匠的设置也完全对应,所以我们猜测这些知识很可能来自孛罗的传授。

《史集》所记录的并不仅仅是历史上的重大事件,与

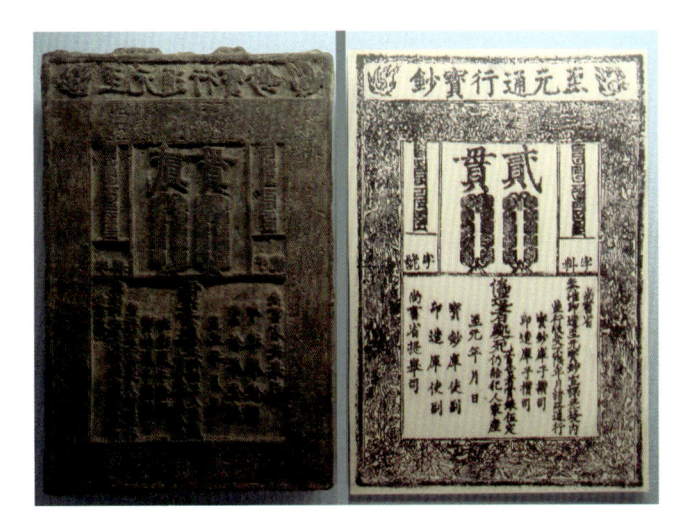

元朝发行的纸钞及其印版

当时风行于伊斯兰世界的百科全书编纂风格类似,它也包含许多文化传统、地理环境、资源物产、风俗习惯等方面的内容。如果说《马可·波罗游记》中这方面的知识多来自口述者本人的见闻的话,那么《史集》中的这些知识除历代学者的积累外,孛罗也很可能贡献了许多信息。

现在常见的中国文化符号,如莲藕、粉丝、米酒、筷子等,都通过孛罗而为波斯人所知,而这些事物有不少是在《马可·波罗游记》中缺失的,这不但引起后人对马可·波罗游历真实性的质疑,同时也显示出当时中国和伊朗交流与中国和地中海地区交流存在较深差异。

由于孛罗曾就职于元朝的农业、膳食、天文等机构，他在波斯期间对这些领域的发展也很可能起到了积极作用。合赞汗曾试图在首都大不里士移植许多新的作物，并命令拉施特主持编纂农书《论迹象与生命》。这本书中许多关于灌溉、育种、植树、施肥、农作物种植等知识，与中国古代农学知识相符。如果这本书与中国农书确实存在联系，那么孛罗在其中应当扮演了重要的角色。孛罗可能也协助设计过伊利汗国宫廷宴会的菜单，使阿拉伯饮食习惯和蒙古族饮食习惯良好地融合为一体。此外，管理司天监的经历或许也让孛罗能够在伊利汗国在马拉盖设置天文台的事务中发挥作用。

作为前哥伦布时代全球化的高潮，蒙古帝国时期有许多往来于欧亚大陆、串联起不同文化的先驱者。在他们之中，孛罗显然应是一颗巨星。但由于相关史料多为波斯语以及人们对现代伊朗缺乏了解，使得这颗巨星的光芒很大程度上被掩盖了。在"一带一路"文化交流史越发受到关注的今天，相信孛罗在中外文化交流方面的贡献会越来越为人所重视。

中国篇

伊利汗国的宫廷场景

# 西亚·北非篇

## "医中之王"
## ——伊本·西那

公元 10 世纪,经过 200 余年对古典时代文明的全力吸收与会通,阿拉伯世界的科学步入黄金时代。这个世纪的尾声,出现了阿拉伯文明史上绝代双骄式的人物,他们以百科全书式的智慧闻名于世,并为后世科学发展带来深远影响。他们就是比鲁尼和伊本·西那(Ibn Sīnā,拉丁译名为"阿维森纳")。本篇文章介绍被誉为"医中之王"的伊本·西那的传奇人生和他的主要成就。

**夙慧少年**

昔日与大唐王朝并蠡的阿拉伯帝国阿拔斯王朝,到

伊本·西那画像和他书中的插图

10世纪初已经逐渐式微。但雄踞各地的不少诸侯都效仿巴格达的智慧宫，招募饱学之士装点门面。割据呼罗珊地区（包括今伊朗东北部到中亚南部的广大地域）的萨曼王朝（874—999年）就是如此。这里的君主提倡发展科学、艺术，把首都布哈拉（今乌兹别克斯坦布哈拉）建为可与巴格达相媲美的文化中心。

伊本·西那就出生于布哈拉附近。他童年时不仅很早就把《古兰经》和阿拉伯文学等启蒙书籍背得滚瓜烂熟，还向卖菜小贩学习印度算术，向律师学习律法。10岁时，他开始系统学习哲学和科学。

当时阿拉伯世界的科学教育深受古希腊亚里士多德

教育体系影响。初学者以波菲利(约公元233—约305年)的《导论》(*Isagoge*)入门学习逻辑学,之后依亚里士多德所著《逻辑学》《物理学》《论天》《论生灭》《论灵魂》的顺序学习,然后向高深的《形而上学》迈进,通常要到50岁才能到达最高阶段。但伊本·西那在17岁时除精通以上所有学问外,还研习了欧几里得《几何原本》和托勒密《天文学大成》。据说,少年伊本·西那经常夜以继日地读书,即便在梦里也思考哲学问题。

同时,伊本·西那还研究医学,在这个领域他也很快达到杰出水平。17岁半时他就被举荐给当地埃米尔(意为"统治者")看病。手到病除后,他被允许阅读宫廷收藏的珍贵书籍。这些都帮助他较早地建立自己完整的哲学体系,并开始著书立说。一代硕学正在逐渐伸展羽翼。

**颠沛岁月**

生活不总是一帆风顺。伊本·西那经历了充满阴谋、战斗、监禁、逃亡的人生。10世纪末,萨曼王朝被新兴的加兹尼王朝(962—1186年)攻灭。伊本·西那自述用逻辑学的话来说,是"必然性"迫使他离开动荡的布哈拉,前往玉龙杰赤(今土库曼斯坦库尼亚-乌尔根奇)。在这里，他与另一位不世出的奇才——比鲁尼相遇。这两位"学霸"关于宇宙论问题的通信，被认为从严谨性和重要意义上来说，都是阿拉伯思想史乃至整个中世纪自然哲学和科学史上的一个高光时刻。

伊本·西那生平迁移路线图（作者绘制）

1012年前后，"必然性"再次把伊本·西那推上旅途，而这一次他差点丧命。起因是加兹尼王朝征召玉龙杰赤的杰出学者充实宫廷。比鲁尼等大多数人尽管并不情愿，仍同意前往。但伊本·西那担心会遭受粗鲁接待，便选择与亲近的科学家马西希一道逃亡。

他们计划穿越沙漠去里海东南岸的戈尔甘,但途中因遭遇沙尘暴而迷失了方向,马西希也在热渴中死去。就在伊本·西那即将到达戈尔甘时,坏消息再次传来:加兹尼军队已经攻占戈尔甘,并囚禁了有意接纳他的戈尔甘埃米尔。

伊本·西那只好转而向北流亡,直到他觉得戈尔甘的局势暂时平息后才回到戈尔甘。在此,他写了代表作《医典》及其他论著。然而没到 3 年,加兹尼王朝的再次征召打破了平静的生活。恰在此时,位于今伊朗中部的白益王朝统治者重金聘请他去做宫廷医生。这使伊本·西那的余生都在伊朗高原度过,起先在雷伊(今德黑兰附近),不久又往西行至哈马丹。

当地统治者很感激伊本·西那治愈了自己的痼疾,但因于其他权贵的竭力反对,不但无法进一步重用伊本·西那,反而一度放逐他。伊本·西那退而著书立说,完成了另一部巨著《论治疗》许多章节的写作。据说,拟定提纲后,伊本·西那以每天 50 页的惊人速度写作。

**丰硕之秋**

1021 年,伊本·西那的庇护者哈马丹埃米尔沙姆斯去世,他开始暗自接触伊斯法罕埃米尔阿拉·道拉。消息泄露后,他被关进城堡。这直接引发阿拉·道拉对哈马丹发动袭击,可见伊本·西那在当时的声望——"倾国倾城"。哈马丹的权贵们请求伊本·西那的宽恕并许以高官厚禄,但伊本·西那不为所动。最终,他和追随者化装成僧侣潜往伊斯法罕。

阿拉·道拉给予伊本·西那热烈欢迎,聘请他为高级顾问大臣。每星期五,宫廷都举办由学者们参加的沙龙,伊本·西那在那里展示了超逸绝伦的学识。

有则轶事提到,曾有一名语言学家质疑伊本·西那的阿拉伯语知识,伊本·西那决定开个小玩笑。他在暗自研究语言学三年之后,用阿拉伯语写了三首不同风格的颂歌,里面充满了晦涩的词语和古朴的表达方式。他请埃米尔告诉这位语言学家,这是打猎时在沙漠里偶然发现的。看到语言学家拼命掩盖自己无法读懂颂歌内容的窘状后,伊本·西那详细解释了诗歌语词的奥妙。语言学家最终敬服地向伊本·西那公开道歉。

在伊斯法罕,伊本·西那迎来硕果累累的晚年,他不仅完成了《医典》和《论治疗》两部巨著,还发表了众多较短的哲学和科学论述。伊本·西那不是一位古板的学

西亚·北非篇

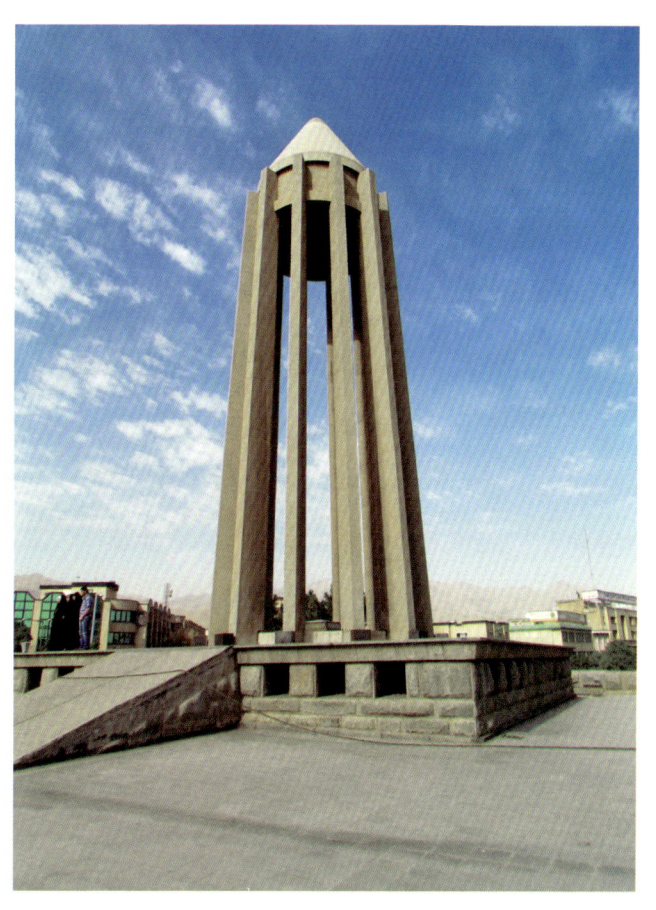

位于伊朗哈马丹的伊本·西那陵墓

者,相反,他热爱、享受智慧和物质上的快乐。他喜欢边品尝醇酒美食,边与学生讨论新完成的著作章节。他为自己的行为辩解道:"上天慷慨地赐予我外在和内在的力量,我只是行使了应当使用的一切权利。"

在一次出征途中,伊本·西那患上肠绞痛。他身体刚有些起色就急于恢复往日的生活方式,导致病情越来越恶化,最终于1037年去世,安葬于哈马丹。

**历史遗产**

伊本·西那在他不算长但快节奏的一生中撰写了约450种著作,流传下来的约有240种,内容涉及哲学、医学、心理学、天文学、炼金术、地理学、数学等众多领域。他把古希腊文化遗产与阿拉伯前辈学者的创新熔为一炉,其中《医典》与《论治疗》拥有深远的历史影响。

《医典》继承了以亚里士多德和盖伦为代表的古希腊医学传统,同时引入了许多新的药物与疗法。该书分为5卷。第一卷主要讲述人体结构与养生法则,第二卷解释了各类药物的特性及应用,第三、四卷记录了各种疾病的诊疗方法,第五卷主要讲述药理学知识。他的多数观点在当时非常先进。例如,他认识到许多传染病的起因,细致描述了手术所用工具和材料、手术所用麻醉剂和操作过程,他甚至使用动物进行药物试验。由于伊本·西那在医学上具有巨大声誉,后人称颂他为"医中之王"。

旨在"治疗灵魂的无知"的《论治疗》,分逻辑学、自然

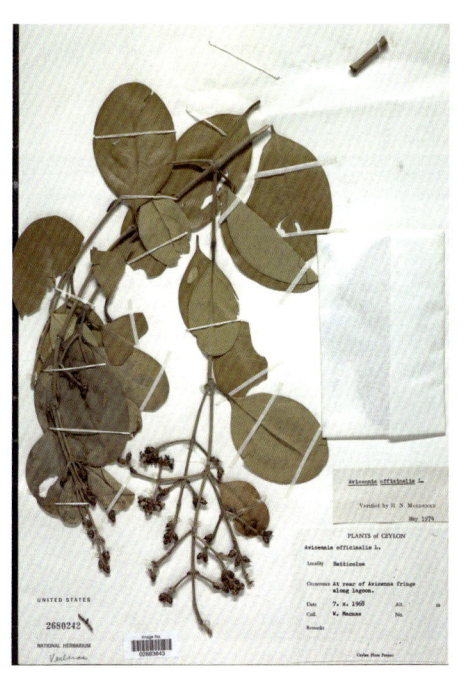

为纪念伊本·西那,一些植物也以其命名。
图为印度红树(*Avicennia officinalis* L.)的标本

科学、数学和形而上学四部分。书中补正了亚里士多德体系中的许多问题。在化学方面,他发明了蒸汽蒸馏法,并将其应用于炼制玫瑰精油,还驳斥了炼金术家物质相互转化的妄念。在地质学方面,他提出化石和山脉的沉积成因,其解释在近千年后仍不过时。他在心理学领域也具有开创性贡献,他认为恐惧和焦虑会损坏人的健康,并以此为依据,把心理疗法当作重要的治疗手段。

阿维森纳(即伊本·西那)常被视为与盖伦和希波克拉底并列的医学权威(16 世纪医书插图)

伊本·西那的著作流入欧洲后,成为诠释亚里士多德理论的权威文献,在那里他被称作"阿维森纳"(Avicenna)。他的《医典》直到18世纪仍是西方医学教育的重要参考书。可以说,伊本·西那在自然科学、医学和哲学史上留下了不可磨灭的印记。

# 10 世纪的桂冠学者
## ——比鲁尼

对于我们多数人来说,要么缺乏足够的学识,要么缺乏即刻开始的勇气,使得著书立说宛如一座大山难以逾越。不过放眼一些出类拔萃者,仿佛命运之神在说:"把笔给他,请开始表演。"于是他们的杰作如火山爆发、如滔滔江河般不断喷涌而出。我们视他们为天才或幸运儿,但实际上此前他们在知识储备、创作环境、健康体魄等各方面早已做好准备,等待的只是因风送入青云的机缘。

在世界历史上,10 世纪是一个动荡的世纪。维京人在欧洲四处劫掠,西亚的阿拔斯王朝逐渐走向没落。但在阿拉伯世界东部，几乎同时出现了三位科学史上百科全书式的伟人。他们分别是伊本·海什木（拉丁译名为阿尔哈曾，965—1040）、比鲁尼（973—1048）及伊本·西那（拉丁译名为阿维森纳，980—1037）。

**比鲁尼的虚构素描**

### 如谜身世

与生于布哈拉城郊区的伊本·西那相同，比鲁尼也来自中亚地区。咸海以南的阿姆河三角洲，古名为花剌子模（今乌兹别克斯坦西部）。这里在8世纪末曾哺育过代数学之父花剌子米，比鲁尼则在这片沃土上度过了生命的前30年。

后世对比鲁尼的早期生平记载不多，他的身世、确切籍贯都模糊不清。有人认为"比鲁尼"是花剌子模人对外国人的称谓，或者指住在城外农村的人，但这个称谓只见于比鲁尼一人，因此不太可能是一般性名词。按照阿拉伯人的命名习惯，"比鲁尼"更像是表示来自某个名为"比伦"地方的人，或许它就在花剌子模城镇喀斯（Kath）附近。为纪念这位科学巨匠，这座古城于1957年被更名为比鲁尼城。

比鲁尼对物质生活的要求很少，他曾如此表达过被迫卷入政治生活的烦恼："我不得不参与世俗事务，这激起了蠢人的嫉妒，但却让智者怜悯我。"他没有后代，却在著作中表现出长者般的教诲热忱；他很少提及自己的经历，往往只在论及学术判断时才捎带几句；他对声色娱乐几无兴趣，但从他所作的天象观测记录，可以推知他辗转各地的踪迹。

### 因势而为

在比鲁尼生活的时代，探索未知的科学知识面临着许多挑战。首先是动荡的政治局势，它直接威胁着学者的人身安全。有些王公尊重学术，而有些统治者只是利用学者来装点宫廷。伊本·西那在政局变幻时更倾向于主动作出选择，而比鲁尼则选择随遇而安。尽管并不情愿，但他还是努力去适应新的赞助者。

在他崭露头角的10世纪末，花剌子模地区开始"城头变幻大王旗"。他可能先后逃到现在里海周边的多个宫廷寻求庇护。他在那些地区进行天文学研究，并把著作献给当地统治者以赢取安稳的学术空间。

1012年，新兴的加兹尼王朝君主马哈茂德征召比鲁尼加入宫廷。比鲁尼此后常随他出征印度，在那里他又抓住机会深入调查了古印度文化。他不会把时间浪费到自伤身世和无意义的流亡上，而是设法根据自己所处的环境寻找新的探索方向。

苏联1973年发行的比鲁尼纪念邮票

当时阻碍科学探索的另一个因素是保守的宗教势力。9世纪，曾一度受到官方赞许的鼓励理性论证、意志自由的穆尔太齐赖派到这时已经趋于没落。比鲁尼对印度文化以及天文学的研究，常被保守宗教势力视为异端。对此，比鲁尼并没有锋芒相对，而是巧妙地将科学实践与宗教需求相结合。

如，比鲁尼在《论星盘》中指出，星盘可以用来确定时间和方位，而这是穆斯林祷告所必需的。他在写另一部著作《论占星》之前，对占星根本没兴趣，但他认为借助赞助人学习占星的意愿，可以在书中多讲授数学和天文学知识，这一点在书中占了三分之二的篇幅。接着他又警告读者：即将进入的领域根本无法得出确切的结论。当然为忠实于赞助人，他对占星术的解说是极为详尽的。

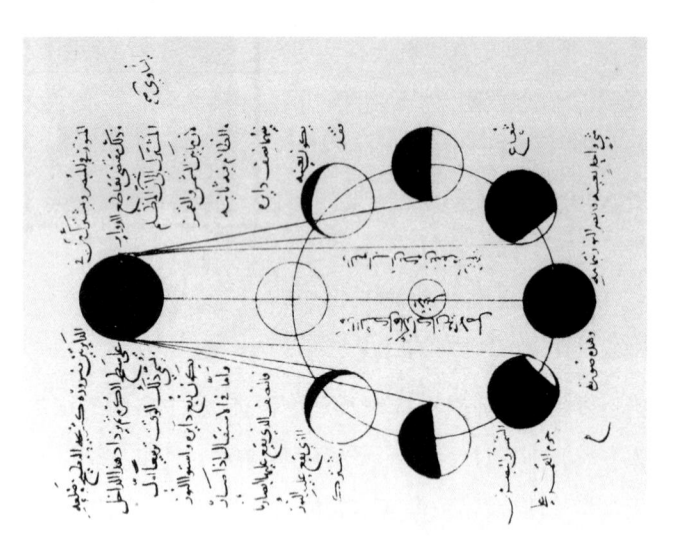

比鲁尼《论占星》中的插图

由此可见,在坚守科学严谨的同时,比鲁尼并不拘泥形式,即便有时他与赞助人的意愿并不一致。这或许是虽然他所供职的多位王公死于非命,而他仍能在喧嚣中寻觅到埋头钻研的净土的原因。

## 学贯东西

比鲁尼约 60 岁时编写过一份著作目录,然而这份书目远不能涵盖比鲁尼的所有作品,因为他的创作一直持续到临终前。据统计,他的著作总数达 146 种。其中约一半有关天文学和数学领域。但经过千余年的历史,流传下来的著作仅有 22 种。与伊本·西那不同的是,比鲁尼在治学上重视观察和实证,甚于从理论上进行推测和猜想。

在比鲁尼的所有著作中,最重要的当属《论印度》(全称《对印度传闻的批判性研究,包括合理接受与排斥的各类事物》)。这部书显示出他作为学者的一个可贵之处,即为寻找知识,亲临实地、穷根溯源。

当时各地建立了许多藏书丰富的图书馆,方便学者开展研究,但关于印度的资料却非常稀缺。比鲁尼很快掌握了梵语,并在印度西部各地游历,掌握了关于这个国家科学、宗教、地理、语言文学和社会习俗方面的广泛知识。

他对印度宗教信仰、种姓制度的描述是近代之前对印度最透彻的描述。他观察到,在印度,知识阶层与无知民众接受的宗教语言完全不同,这导致前者反对偶像崇拜,而后者却对之笃信不疑。

印度索姆纳特神庙遗址(1895年)

印度见闻也被比鲁尼吸收到了天文学论述中。他曾生动描述过印度索姆纳特(Somnath)神庙的潮汐,并认为这座神庙的来源可以追溯到印度教月神的名字Soma。总体上，他觉得希腊人在天文学领域的理论和计算结果更准确，但印度人拥有更好的仪器装置，因此需要把二者的优势结合起来。

**科学成就**

比鲁尼的科学著作既广阔又深邃。他献给加兹尼王子的《马苏第星经》，汇聚了托勒密等许多古典时代学者的天文学知识，但每一章里又都有他的原创研究。

比鲁尼《古代民族编年史》(1307年抄本)中的插图，其中骑骆驼者为比鲁尼

例如，关于太阳和月亮的尺寸与运动，比鲁尼也作过许多研究。他通过日全食观察到太阳是一个火热的爆炸

物。他讨论过曙暮光的成因,还发现当太阳在地平线下18°以内时会出现曙暮光,这与现代数值是一致的。通过在多地观测,他给出了黄道与赤道交角为23°35′,这与现代数值23°26′非常接近。关于月亮轨道,他认为不可能是古希腊人所设想的完美圆形,因为月亮与地球间最大和最小距离明显不同。而且,经过日积月累,可以察觉到相对于太阳等恒星,月球轨道会随着时间的推移而产生微小变化。

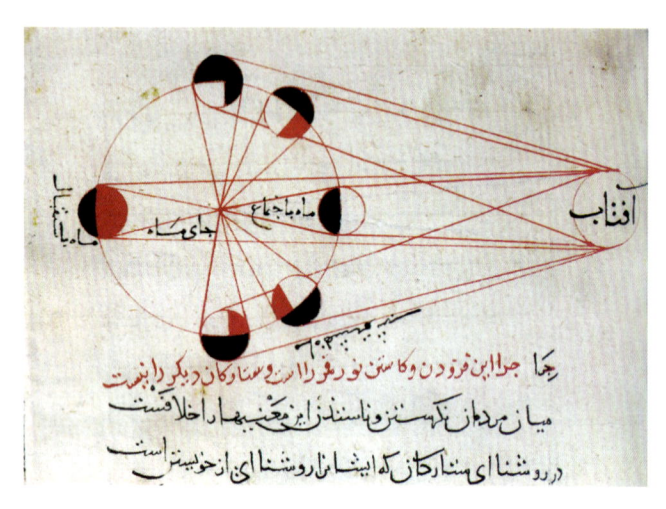

比鲁尼绘制的不同时段的月亮

比鲁尼在论述中体现出的冷静和现实态度也值得我们学习。他反对亚里士多德等古人关于明亮的星体会对视力造成伤害,并影响人的情绪和命运这类观点,认为它缺乏理性的依据。同时,他承认当时还没办法确定太阳和地球的确切距离,也缺乏可靠依据来反对托勒密的地心说。

在地理学方面,比鲁尼大大精确了托勒密和喜帕恰斯等学者提供的数值。他运用天文学观测、路程测量和球面三角形计算等多种方法,确定了加兹纳(位于今阿富汗北部)到巴格达之间主要地点的经纬度坐标,其中许多经度值误差仅在 6′ 到 40′ 之间。在接下来几百年里,他的方法和结果一直影响着地理学的发展。

水晶碗(9—10 世纪,中亚出土,现藏于纽约大都会艺术馆)

比鲁尼许多中篇著作提供的深刻洞见也不亚于那些巨著。例如在《宝石学》中，他详细描述了贵金属和宝石在社会经济中发挥的重要作用。而在《药理学》中，他论证了语言对于识别药物的意义，并比较了波斯语和阿拉伯语在科学论述上的差异，提出"我宁可被用阿拉伯语批评，胜过被用波斯语赞扬"。

简而言之，比鲁尼擅长哲学、宗教学、天文学、地理学、大地测量学、地形地貌学、数学、医学和多种语言。他以严谨的态度把印度科学成就融入古希腊和阿拉伯科学传统之中，从而结出更加辉煌的硕果。等身的著作、科学的研究方法和至老不倦的努力，使得比鲁尼成为中世纪最杰出的学者之一。

## "智慧宫"里的参天大树
### ——巴努·穆萨兄弟

从 8 世纪中叶起的百余年间,阿拉伯帝国阿拔斯王朝的统治者们推行开明包容的文化政策,在他们的支持以及我国造纸术传播的推波助澜下,来自古希腊、古波斯、古印度甚至中国的深厚文化传统犹如百川汇流,铸造了"伊斯兰黄金时代"的繁荣。众多古典时期的科技典籍被翻译成阿拉伯语,逃过中世纪早期的黑暗岁月而传承下来。这里的科学家们以前人成就为基础,发挥自己的创造精神,逐渐形成延续数百年辉煌的阿拉伯科学传统。

当时在巴格达等大城市里,图书馆与书肆林立,学者们在此翻译书籍、传授学问。其中最著名的图书馆当属哈里发(即最高统治者)亲自开设的"智慧宫"。这一机构在麦蒙在位期间(813—833)达到顶峰。本文所介绍的,就是在智慧宫里成长,学成后大力促进科技活动,并在数学、天文和机械领域均达到很高造诣的巴努·穆萨(Banū Mūsā)兄弟。

麦蒙画像

### 学出正统

"巴努·穆萨"是三兄弟的合称,意为"穆萨的儿子们"。他们的父亲穆萨·本·沙克尔,年轻时曾是呼罗珊地区的一名盗贼。当时还没当上哈里发,驻守在呼罗珊木鹿城的麦蒙便发现了这位富有智慧的年轻人。不知道他们之间发生了什么,只知道后来穆萨成为麦蒙的亲密侍从，掌管天文和占星事务。

穆萨英年早逝，临终前他把三个儿子——按长幼顺序依次是穆罕默德、艾哈迈德和哈桑——托付给麦蒙。麦蒙指定智慧宫里的天文学家叶海亚·曼苏尔教导他们。或许因为叶海亚是四个孩子的父亲，拥有丰富的育儿经验，同时他所学专业也与穆萨相近，所以麦蒙认为由他教导更有助于孩子们子承父业。

当时麦蒙已经从四面八方延揽了不少杰出学者到智慧宫就职。其中的领军人物，是被誉为阿拉伯代数学之父的花剌子米。除撰写数学著作外，花剌子米还主持了智慧宫观测天文、制作仪器和星表、绘制地图等工作。他的科学理念对日后巴努·穆萨兄弟产生了相当大的影响。

1983 年苏联发行邮票纪念花剌子米诞辰 1200 周年

花剌子米绘制的现存最早的尼罗河地图

在智慧宫肥沃学术土壤的滋养下,巴努·穆萨兄弟分头出击,很快就学有所成。尽管我们很难把三兄弟的事业截然分开,但他们各自在不同领域拥有专长。其中长兄穆罕默德的学术成就最杰出,在天文学、数学方面造诣不凡,同时也最有组织能力。老二艾哈迈德主攻精巧装置。一心沉浸在学术研究中的老三哈桑最擅长几何学,具有非常高超的逻辑推理能力。

据说麦蒙曾要求研习数学者都必须熟读欧几里得《几何原本》,有人在哈里发面前说哈桑只读过《几何原本》13卷中的前6卷。当麦蒙召来哈桑询问时,哈桑说他没必要读那么多内容,并很快就把《几何原本》后面几卷的命题都证明出来。尽管如此,麦蒙仍诫勉哈桑说:"你应当避免让懒惰阻挠你通读《几何原本》，它对于数学，正如字母 a、b、t 对于书写和阅读，都是最基础的。"

## 巨木成荫

得知三兄弟才华过人后，麦蒙便把许多重要任务托付给他们。最初进入智慧宫学习时，三兄弟还一贫如洗，但连续几任哈里发的宠信使得他们很快变得富有权势，成为巴格达城科学翻译与研究活动的重要资助者。

与哈里发一样，他们不拘一格用人才。在他们麾下，景教、犹太教、伊斯兰教等不同宗教背景的学者济济一堂，和平共处，携手把许多古希腊著作引入阿拉伯世界。巴努·穆萨为保证学者们对学术的全身心投入，提供了相当优裕的条件。据说，每个月三兄弟付给学者们的报酬高达 500 第纳尔，相当于 2 公斤黄金。

为尽可能多地搜集前人科技文献，穆罕默德时常派遣使者，有时甚至亲自前往拜占庭帝国收购古代手稿。由此不仅保存了大量的古人智慧结晶，还发现了不少人才，其中就包括一位叫塔比·伊本·库拉（826 或 836—901）的年轻人。就像麦蒙发掘三兄弟的父亲穆萨那样，穆罕默德察觉到这位年轻人颇具才华，便把他带回巴格达，传授他科学知识。后来塔比不仅在学术翻译上成果卓著，在数学、天文学等方面也有许多创见。

麦蒙（右侧帐中坐者）与拜占庭皇帝狄奥斐卢斯互派信使

对宫廷政治的过多涉足，让穆罕默德逐渐染上党同伐异的不良风气。当时除他们兄弟外，著名哲学家肯迪（约801—约873）也是重要的学术赞助人。巴努·穆萨兄弟与肯迪分别拥戴不同王子，最终巴努·穆萨一派得势。三兄弟在哈里发面前进谗言，导致肯迪被痛殴，他的图书馆也被夺走。巴努·穆萨还放逐了一位与肯迪交好的工程师萨纳德·阿里。

不久，巴努·穆萨兄弟奉命主持开掘位于今伊拉克东南部的贾法里耶运河。他们把测量工作交给能力平庸的亲信，结果工程做到一半就卡了壳。暴怒的哈里发听到消息后说,假如报告确凿,他就把穆罕默德处死在运河岸边。

惊慌失措的穆罕默德赶快向萨纳德·阿里求助。萨纳德提出只有把肯迪的图书馆物归原主,他才会施以援手。三兄弟依此条件办理后,萨纳德便说当时正是河流的丰水期,测绘的错误到四个月后才会显现出来,而根据占星家预言,哈里发将在此之前死去。果然,两个月后哈里发被刺杀,三兄弟得以逃脱惩罚。

**科学成就**

在组织翻译大量古典著作之外,巴努·穆萨兄弟留下了约20部著作,在多个科技领域都取得了突出成就,给后世带来深远影响。

在数学方面,他们让埋没已久的阿基米德等古希腊科学家的科学遗产重新焕发光彩。巴努·穆萨最有影响的数学著作是《论平面与球形的测量》。这本书曾由欧洲学者克雷莫纳的赫拉德(1114—1187)翻译成拉丁语,13世纪又由阿拉伯数学家纳西尔丁·图西(1201—1274)进行订补。从塔比·伊本·库拉、伊本·海什木、斐波那契、罗吉尔·培根等著名学者的作品里均可看到此书的影响，可以说它在东西方数学史上意义深远。

这本书延续了阿基米德计算圆面积和球体积的探索。从方法上来讲，巴努·穆萨创新不大，他不像阿基米德那样把穷竭法运用到极限，而是主要利用《几何原本》中的几何证明与"逼近法"，得出与阿基米德相同的面积与体积公式。他重新提出了阿基米德计算圆周率的外切正多边形方法。15世纪，阿拉伯数学家卡西利用类似方法，求得圆周率小数点后16位的准确数字，从而为阿拉伯数学增光添彩。

巴努·穆萨并没有完全因袭古希腊学者的几何学，而是把花剌子米开创的代数学与几何学结合起来，从而为阿拉伯数学传统的形成作出贡献。他们用确切数字而非图形之比来表示面积和体积，又把古希腊阿尔库塔斯和梅内劳斯等学者对圆锥曲线的论述应用于求方程的解，从而奠定了后世阿拉伯数学家求解三次方程等问题的基础。

在天文观测方面，他们牵头完成了麦蒙计算地球周长的任务。在今伊拉克北部和南部的沙漠里，他们分别丈量了北极星的高度每变化1°地表南北方向上对应的距离，最后测得地球周长约为8000帕勒桑（古波斯长度单位),相当于 38400 千米。尽管这与现代值有些许误差,但已经比古希腊的埃拉托色尼以及稍早的中国僧一行的推算或测量结果都要准确。

三兄弟里的老二艾哈迈德,撰有《论自动机械》等著作。书中所提到的原理和设计,例如曲柄连杆的系统运用以及用于模拟星

艾哈迈德·穆萨所著
占星学书籍的封面

空运转的水运浑象等,要比中国晚,有可能是对罗马帝国东部机械的进一步发展。这部书呈现了自动水壶、喷泉、自动灯、提水装置等 100 种机械设计,其高度综合的设计、华丽的外观、多样化的功能前承拜占庭的菲罗、亚历山大的希罗等古希腊发明家,后启里德万、加扎里等阿拉伯能工巧匠。

概览巴努·穆萨兄弟的生平与成就,可以看到他们

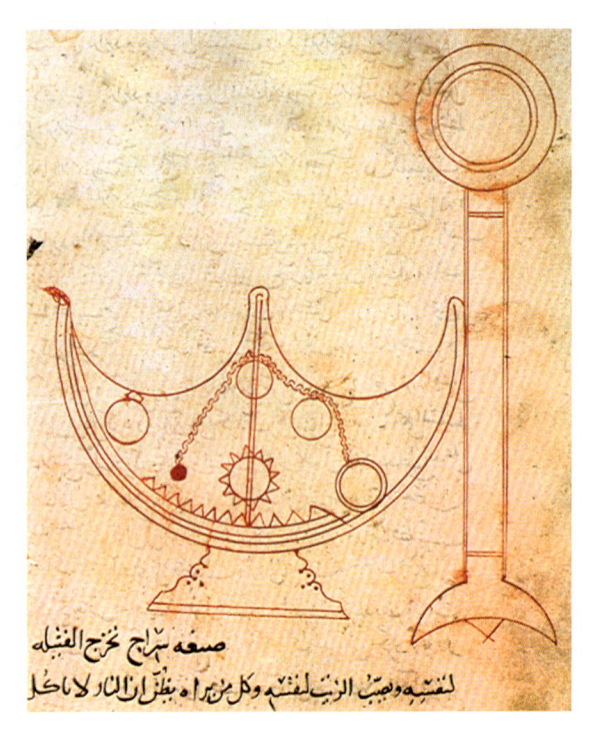

巴努·穆萨兄弟设计的机械图

不仅通过大力赞助翻译运动,推进了古代科技中心从地中海沿岸向两河流域转移,还亲自参与了多个研究领域阿拉伯科学传统的确立。

西亚·北非篇

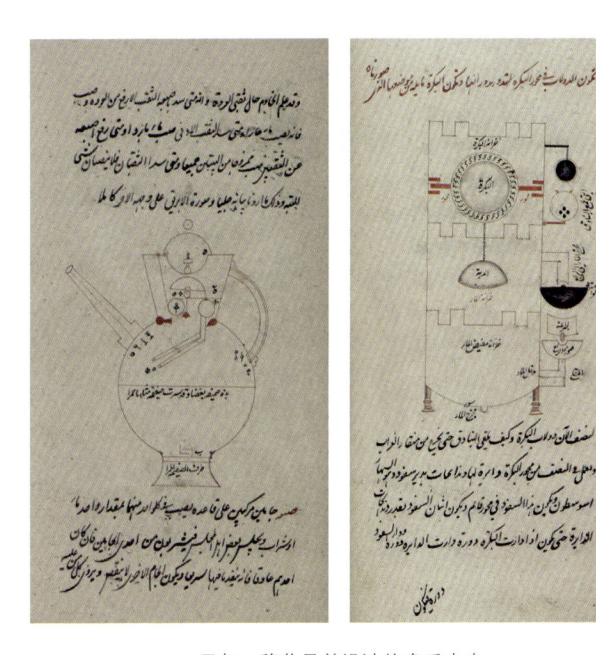

巴努·穆萨兄弟设计的净手水壶

## 虚实之间的化学之父
## ——贾比尔·伊本·海扬

财富与青春,是许多古人孜孜以求的目标,为此他们投身或投资于各类神秘的方术和玄学,但世界各国君主的寿命无情地显示出这种巨额投资只换取了极为可怜的回报。

然而,两千多年里的炼金(或者炼丹)术实践,在科学史上却不是毫无意义的。相反,炼金术家在长期实践中探索到的许多元素和化合物的性质、提炼的物质转化理论、提纯等实验手段、制造的实验器材以及定量分析等,都为近代化学打下了基础。现代的"化学"(chemistry)这个词本就是将"炼金术"(alchemy)去掉阿拉伯语前缀后演变而来的。直到 18 世纪初,炼金术与化学仍没有完全分家,而牛顿、波义耳等现代人心目中的科学巨星也都在尝试炼金术。

和其他领域相似的是,欧洲中世纪炼金术受到阿拉伯炼金术的直接影响,后者继承了更早的希腊化时代的物质转化理论,然后把它变得更加有条理和成体系。在这个过程中,不得不提到的一位大学者就是贾比尔·伊本·海扬(Jabir ibn Hayyan,约721—约815 年)。由于这位学者的身世尚存在争议,

17 世纪初描绘炼金术的插图(从右上方起按顺时针依次是扎比尔、罗吉尔·培根、帕拉塞尔苏斯、柳利、莫里努斯、赫尔墨斯)

所以说这位化学之父给我们留下的,是一片处于虚实之间的身影。

## 驭君有术

考古发现,在伊斯兰教兴起之前,阿拉伯半岛的居民就拥有冶金和制造玻璃的丰富知识。不过从日常用品的生产,过渡到对"高大上"的黄金的明确追逐,还需要社会上层的推动和相关知识。

阿拉伯帝国宫廷里的第一座炼金炉,是伍麦叶王朝(661—750年)的一名王子哈立德·本·亚齐德(逝世于约720年)竖立起来的。争夺哈里发王位未遂后,政坛失意的哈立德转向对财富的追求。他意识到这门知识在基督徒里更加丰富,于是不拘一格地从埃及亚历山大城请来基督徒斯蒂法诺和马里亚努斯等人,指导炼金实践和翻译天文学、医学和炼金术等领域的著作。这也是古

海扬画像

典时代文献向阿拉伯帝国传播的最早尝试。

尽管伍麦叶王朝很快就被来自伊朗高原的阿拔斯王朝取代,但新王朝的统治阶层依然对点石成金充满兴趣。这时,传说中的大师贾比尔·伊本·海扬就闪亮登场了。

20世纪初,英国学者霍姆亚德(E. J. Holmyard, 1891—1959)搜集零散史料,重建了贾比尔的生平。据说,这位大师来自伊朗东北部呼罗珊地区的突斯,与后来的著名神学家安萨里、诗人费尔多西等人是同乡。贾比尔少年时期因父亲卷入当地政治阴谋而逃到阿拉伯半岛,在那里接受教育,并成为什叶派第六任伊玛目(什叶派穆斯林对教会领袖的尊称)贾法尔·萨迪克的信徒。后者在贾比尔的著作中经常以导师的身份出现,成为贾比尔炼金思想里宗教要素的主要来源。

当时什叶派与阿拔斯王朝哈里发哈伦·拉希德(Harun al-Rashid, 763—809)关系友善,贾比尔缘此逐渐接近当时执掌帝国权柄的巴尔马克家族。据贾比尔自述,他调配的药水治好了巴尔马克家族的一位患病女奴,因此得到了信任。他又向哈里发献上《绽放之书》(*Book of Blossom*),里面包含不少相当于实验技术的内容。在宫廷的委托下,他协助搜集从古代流传下来的希腊语和拉丁

拉蒙·柳利论文中的炼金术插画

语文献,并将其翻译成阿拉伯语,这使他迅速开阔了自己的视野。

9世纪初,哈伦·拉希德在平定呼罗珊动乱时死去,巴尔马克家族在继任哈里发治下失宠,贾比尔只好从巴格达流亡回老家。据说,他最终取得了新任哈里发的宽宥,并被提名主持宫廷炼金活动。如果记载确凿的话,这时他已是将近百岁的老人。

## 文集疑云

关于贾比尔著作的真伪问题,早在10世纪后期(距他去世约170年)就已经引起争论。当时一些哲学家和文献评论家认为贾比尔的著作系后人伪造。但支持贾比尔著作真实性的人也不少。10世纪的几位主要炼金术家,如拉齐(al-Razi)、迈季提(al-Majriti)和乌梅尔(Ibn Umayl)等,都曾引用过贾比尔的论述,且从未质疑其真实性。

问题是,在贾比尔的几部被翻译成拉丁语的著作中,他的译名是盖比尔(Geber)。在拉丁语译本里,他被形容成不同身份,如"阿拉伯王子和哲学家""阿拉伯之王""波斯王",甚至"印度王"等。由此衍生出一个问题,阿拉伯人贾比尔和拉丁语里的盖比尔，在多大程度上是重合的？至少，把他们完全画等号显得不太严谨。

古代以及现代学者对贾比尔著作，甚至他本人真伪性的争论，被统称为"贾比尔文集问题"（Jabirian corpus）。这个问题的根源在于，被归于贾比尔所写的论著的数量实在太多了。

现代学者对贾比尔真实性的怀疑，源于德国东方学家鲁斯卡（J. Ruska, 1867—1949）。他不仅怀疑贾比尔，也怀疑前文提到的哈立德·本·亚齐德的真实存在。他英年早逝的弟子克劳斯（P. Kraus, 1904—1944），系统地编辑了贾比尔的文集，并把贾比尔的论著一直排到2982号。其中除了炼金理论和实践外，还包括药物学、药理学、神经科学、物质特性、哲学、逻辑学、数学、语言学、音乐和宇宙学，甚至占星术、魔法学等领域。这使得后人不得不怀疑：一位学者能把跨界玩得这么溜吗？

此外，克劳斯还提出贾比尔著作所用语言常因不合语法规则而难以与其他阿拉伯炼金家相互参照，知识如同碎片般分布在文集的不同地方，对物质描述前后不一致等疑点。总之，克劳斯提出，贾比尔文集不是出自个人之手，而是在哲学、思想和政治方面具有相似度的几代作者的共同作品,且最早成书年代应在9世纪下半叶。

克劳斯的观点有许多追随者,不过随着人们对阿拉伯化学史的逐渐了解,一些学者持与克劳斯相反的观点。如土耳其科学史家赛兹金(F. Sezgin)认为贾比尔文集的作者应生活在8世纪晚期,即与贾比尔本人所处时代相同。而哈克(S. Haq)提出至少有一部分核心文献出自巴基斯坦学者贾比尔本人之手,其他外围文献可能是由后人伪托而层层叠加形成。总之,直到现在,"贾比尔文集问题"仍然悬而未决。

**深远影响**

无论卷帙浩繁的著作是出于贾比尔本人,还是他的学派之手,他的文集对后世炼金术和化学的发展都产生了深远影响。现在常被用于代指具有点石成金魔力的神奇物质"哲人石",就是贾比尔最早提出的。

贾比尔的主要著作是《七十种书》和《论平衡》。他援引古希腊毕达哥拉斯学派"万物皆数"的理念,认为宇宙中的一切都符合数学定律,而事物的理性秩序与和谐性的体现就是"可测量性原则"。在此理念之上,他又提出"比例平衡理论",即物质的特性尤其是化学性质,是可以测量并可以确定数量比例的。

例如,把密陀僧(即一氧化铅)加入醋中,可以让醋失去酸味,这意味着醋起初具有一种可以用数字表达的特定成分比例,通过添加同样可用数字表达的密陀僧,使醋的成分发生了变化。密陀僧改变醋的能力,并非出于偶然,而是依赖于物质内在成分的比例。

贾比尔著作手抄本里的蒸馏器插图

贾比尔相信,通过平衡比例的方法,人们有可能明确每种物质所含四种元素(即古希腊学者提出的土、气、水、火)的成分,并进而精确测定其配比。只要能单独制造每种元素和了解元素运行所遵循的基本特性,炼金家就能控制物质上发生的所有变化,并有能力创造新的物质,尤其是能够作用在金属上的各种灵丹妙药。

出于对人类理性和自然法则的信任,贾比尔提出了人工繁殖的问题。在他看来,任何活物,甚至人类本身,都是自然力量作用的结果。由于在创造过程中,自然遵从定量和数字规律,其秘密可以通过平衡配比理论揭示出来。对自然过程的模拟,必要时还要对其进行改进,至少在理论上是有可能的。人造自动装置(homumculus)的思想在中世纪和文艺复兴时期大行其道,贾比尔对这种思想展开了最早,也是最详细的讨论。

通过被翻译为拉丁语的著作,盖比尔(Geber)的大名在中世纪的欧洲广为人知。他的一些具体理念,如对硫和汞、硫酸盐、无机酸、热与温度的概念,都对欧洲炼金家产生了直接影响。克劳斯曾对这位学者作出如此评价:"贾比尔坚信他在严格精确性的基础上发展了自然科学,他大胆地认为自己已经取得了自然的最后秘密。他的科学的独特性在于不承认人类思想具有任何限制。"

# 大陆边陲的"科学王"
## ——欧麦尔二世

柏拉图在《理想国》中曾描述过执掌国家权柄的"哲学王",而依照理想模型改造城邦的哲学王是建立正义国家的关键一步。尽管历史上确实有少数哲学家登上统治者宝座,但他们治理国家的成效却与柏拉图的想象大相径庭——奥勒留等哲学家君主最终都坐困愁城。与"哲学王"相对应的,是热衷从事科学研究的"科学王"。与哲学王对世事超脱而无力的态度不同,科学王通常崇尚理性,积极借助各种技术手段来稳固统治,使国家更加繁荣。

在"伊斯兰黄金时代",不同地方出现过多位"科学王"。在他们统治期间,天文学、数学、医学、农学等各个领域,都出现了学者聚集、研究繁荣的景象。曾短暂担任也门拉苏里王朝苏丹的马利克·阿什拉夫·欧麦尔二世(1242—1296),就是这样一位科学王。

**边陲要津**

谈起也门,对现代国际形势保持关注的读者们恐怕都会叹一口气。今天的也门长期深陷分裂和战争之中。但也门历史上曾经辉煌闪烁的一面,恐怕有所了解的读者就不多了。

也门位于阿拉伯半岛的西南角,也是亚欧大陆的西南角。它扼守着红海与印度洋相通的曼德海峡,隔红海和亚丁湾与非洲相望。这里自古典时代就是连通地中海、东非和印度的香料之路的枢纽。来自东非的奴隶和香料,来自印度的纺织品、乌木、宝石、稻米,来自古罗马的金银,在这里交汇流动。伊斯兰教兴起之后,它又成为从南向北到麦加朝圣的重要一站。

香料之路以及朝圣之路,与海上丝绸之路相贯通。络绎不绝的往来商旅,催生出也门沿海一系列繁荣的港口和城市。在我国古代文献里,有不少与也门来往的记载。例如也门的重要港口亚丁，在唐代被称为"三兰"，郑和下西洋时被称为"阿丹"；阿丹国王曾经接受过明成祖的礼物，同时让使者们把猫眼石、珍珠等宝石与狮子、长颈鹿、金钱豹等动物带回中国。

海上丝绸之路的繁荣让中世纪的也门人见多识广，他们对古代世界三大洲的物产都非常熟稔。不少物产从也门港口重新出发，走向更广阔的世界。例如今天我们熟悉的摩卡咖啡，就得名于红海岸边的也门港口摩卡。

与此同时，中世纪的也门农业生产较为发达。特别是也门西南部，水利设施完善，盛产高粱、小米、小麦、甘蔗等作物，还产果蔬、药草、鲜花、香料等。

**父辈阴影**

13—15 世纪的也门，处于拉苏里王朝统治之下。起初，阿拔斯王朝哈里发派遣官员去管理也门，后来这些官员又兼任麦加总督。对圣地的统辖权大大提升了拉苏里王朝的威信，使得他们在 1258 年巴格达被蒙古军队攻陷后，窃用了阿拔斯王朝哈里发的头衔。通过对亚丁等港口征收贸易税，统治者们积累了大量财富。

在穆扎法尔·优素福一世（在位于 1249—1294 年）

1335年也门亚丁的金属货币

漫长的统治期间,拉苏里王朝达到了巅峰。途经此地的马可·波罗曾评论他是当时"世界上最富有的人之一"。政权稳定,经济富裕,自然吸引了大批文人墨客。

欧麦尔二世是穆扎法尔的长子。与其父热衷于招揽宗教学者不同,欧麦尔二世更喜欢从国外募集科学家来充实他的顾问团队。

关于欧麦尔二世的政治生涯,我们只有零星的资料。他在成年之后为平息蠢蠢欲动的北方什叶派部落,长期驻扎在哈杰、马亚姆等北方重镇以及后来成为也门首都

13 世纪下半叶拉苏里王朝的金属火盆

的萨那。1295 年,他的父亲把王位禅让给他,但在这之前的拉苏里钱币上已经出现了马利克·阿什拉夫的名字,可见他在登上宝座之前已经颇有实权。

欧麦尔二世在位时间短暂。他登基之后,面临着父王漫长统治后的积弊。诚然,港口可以带来财富,但官吏们的贪污腐败也已经成为棘手的问题。同时,不幸的是,欧麦尔二世在位期间还遭遇了天灾。在他即位那年,一场寒暴雨袭击了也门,导致大批牲畜死亡;而大规模蝗灾又沉重打击了农业生产,苏丹不得不蠲免税赋来休养生息。

除此之外,欧麦尔二世几乎就没有什么政绩了,因为他在成为苏丹 21 个月后就遽然离世。有人说他死于馋嘴。据说,有一天他弟弟达乌德的女奴从他身前经过,带着一盘散发着异香的菜肴,这盘菜肴成功引起了欧麦尔二世的注意。欧麦尔二世得知这是达乌德的晚餐后,提出自己要品尝一下。结果这盘佳馔却含有剧毒,吃后不到一个小时,欧麦尔二世就毒发身亡。紧接着,达乌德成为拉苏里王朝的新苏丹。

比起梦幻泡影般的政治生涯,科学著作更容易让欧麦尔二世名垂青史。有 13 部著作被归于他名下,所涉及的领域包括天文仪器制作、历书、医学、兽医学、本草学、宗谱学、解梦、占星术等。

**学出实用**

欧麦尔二世的学问大多与实际需求关系密切。其中最容易引起科学史家兴趣的,是他有关制作天文仪器的论述,这些文字可以由现存于美国纽约大都会艺术博物馆的一件星盘予以验证。

古代丝绸之路科技群星录

　　星盘是古代天文学家、占星师和航海家用来进行天文测量的一项重要的天文仪器,用途非常广泛。它可以用来定位和预测太阳、月亮、金星、火星相关天体在宇宙中的位置,确定本地时间和经纬度,进行三角测距等。星盘可以帮助穆斯林确定麦加方向和祈祷时间,所以它在中世纪的阿拉伯世界获得了很好的发展。由于服务于宗教需求,制作星盘也需要"持证上岗"。

　　欧麦尔二世当然拥有上岗证。他是从埃及师傅那里学会整套星盘制作技艺的。他在《论星盘》一书中详细阐述了制作星盘的技巧,并且绘制了几种星盘的设计图。其中一种设计图的参数和图示,与美国纽约大都会艺术博物馆

**欧麦尔二世设计的星盘**

所藏星盘完全相同。尽管它的制作工艺并不复杂,但由于极少有星盘能从中世纪流传到现在,因此非常珍贵。

除星盘外,欧麦尔二世还在书中提到了其他仪器,其中对磁罗盘的描述在阿拉伯科学著作中是比较早的。欧麦尔二世描述磁罗盘浮在边缘设有刻度的碗中,罗盘中的柄上以交叉形式放置着制备好的磁针。欧麦尔二世认为磁罗盘可以在天气恶劣的情况下确定方向,协助人们履行祈祷等宗教义务。

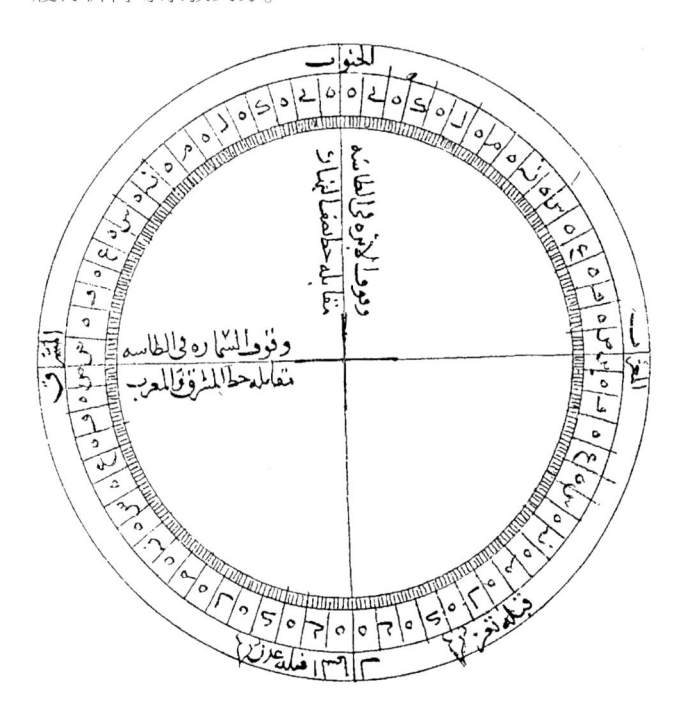

欧麦尔二世设计的磁罗盘(1293年复制于也门)

欧麦尔二世也是民间知识的搜集整理者。他的《天文导论》(Al-Tabṣira fī ʿilm al-nujūm)和《关于畜牧业的智慧传说》(Milḥ al-malāḥa fī maʿrifat al-filāḥa)汇编了大量他从前辈学者和当时调查所得到的信息。

《天文导论》约成书于1271年,由50章关于占星术和天文学的内容构成,涵盖黄道、太阳、月亮、行星、日月食、气候季节、农民历、数字系统等主题。除了有显示太阳高度和星座位置的详尽表格外,在该书第32章,欧麦尔给我们留下了一份以也门当地习俗为特色的年历。这份年历把自然变化、人类活动与一年里的具体日期结合起来,让我们了解了中世纪也门生活各个方面的细节。

《关于畜牧业的智慧传说》则是一部农业"万事通",对13世纪下半叶也门农业知识与实践进行了全面描述。这本书把数百年来也门农民积累的传统农业知识,与其目标读者,也就是知识阶层连接起来。

这本书记载了当时也门的地理、环境、物产、气候等信息,反映了于即位之前,欧麦尔二世在这个国度旅行的广泛见闻和调查。欧麦尔二世在书中表示,这些内容都是从"知识渊博的也门耆老"那里询问记录下来的,同时参考了一些外部传入的著作。

可以看出，在"伊斯兰黄金时代"的科学群星当中，欧麦尔二世显然算不上是第一流的天才，但他却是一名合格的科学研究者，和勤勉记录人民智慧、努力利用科学知识来建设国家的统治者。他生活在古代东西方往来的枢纽地带，又把源于亚非欧三大洲的知识熔合投射在偏于大陆一隅的也门这个焦点之上，为后人留下大量的文献记载。

# 阿拉伯本草学黄金时代的代表人物
## ——伊本·贝塔尔

众所周知,本草学是中国传统医学中药物学和方剂学的基础。中国本草学记录了包括植物、动物、真菌、矿物等不同类别药物的名称、物理描述、药性、产地和用途,堪称近代生物分类学发展的先驱。大名鼎鼎的《本草纲目》在17世纪被译成拉丁文而为西方人所知时,它的书名就被译为"中国植物志"。

然而,对药物外观和内在性状进行严谨研究和记录,并非古代中国学者的专利。比11世纪末宋代唐慎微刊行《证类本草》稍晚一些,在欧亚大陆的另一端,阿拉伯本草学也进入了它的黄金时代,伊本·贝塔尔(Ibn al-Baytār,

约 1197—1248）就是这一领域的代表性人物。

西班牙马拉加的伊本·贝塔尔塑像

## 无问西东

12世纪末,北非和现在的伊比利亚半岛南部,已经处于穆斯林统治下5个世纪之久。北部几个基督教王国仍在分裂或整合之间游移不定,而南部的穆瓦希德王朝也无力扩张版图。在脆弱的平衡下,阿拉伯世界西部地区的文化在融合中保持着繁荣。12世纪,这里涌现出伊本·鲁世德(拉丁译名阿威罗伊,1126—1198)和迈蒙尼德(1135—1204)等大思想家。在偏安的氛围里,科学也得到发展。

伊本·贝塔尔生长在这样的时代。他来自海滨城市马拉加的一个大家族,马拉加是一个以阳光海岸著称的城市。他的父亲是一名兽医,从贝塔尔童年起,就培养他对自然的兴趣,教他认识各种新奇的动物、植物和矿物。家庭的早期教育培养了贝塔尔对科学知识的兴趣,他四处寻找名师,来完善对自然的认识。

青年时代,他来到穆瓦希德王朝的首都塞维利亚,从此踏上了漫长的游学旅程。在这个阿拉伯西部世界的文化中心,他成为著名医学家阿布·阿巴斯·纳巴蒂(1166—1239)的高足。后者把贝塔尔培养成一名合格的

16 世纪末的马拉加(版画)

草药医生,并以医学用途为出发点,学习辨别这个地区丰富的植物种类。

1219 年,贝塔尔再次出发,他一边旅行搜集药物资料,一边记录下在各个地方的见闻。从他后来的著作里,我们很容易重建他的行程:从休达出发,经过贝贾亚(今阿尔及利亚东北部的沿海城市)、突尼斯城、的黎波里、巴尔切(在今利比亚境内),之后来到小亚细亚南部海岸,再经叙利亚前往埃及。

和其他万里壮游的阿拉伯学者一样,在遇到赏识自己的君主"伯乐"后,贝塔尔会暂时停下漂泊的脚步。这位伯乐就是埃及阿尤布王朝的苏丹卡米勒(约1177—1238)。卡米勒在贝塔尔到来之前就久仰他的大名,到来之后便聘请他为首席医生。卡米勒的继承人萨利赫也很尊崇贝塔尔。这让贝塔尔有条件在阿拉伯半岛和美索不达米亚搜集资料,与当地医生交流。

1248年,贝塔尔在叙利亚大马士革去世,他的衣钵被叙利亚医学家乌塞比(1203—1270)继承。

**本草传承**

贝塔尔有11部本草学和医学著作,其中最重要的是《药食汇编》和《单方全书》,它们在阿拉伯本草学中占据重要位置。

和其他科学领域一样,阿拉伯本草学也奉古希腊罗马学说为正源。尤其是古罗马时代的希腊医生迪奥斯科里德斯(约40—90)的《药物论》,具有与中国古代《神农本草经》类似的开创性意义(这两部经典出现的年代也很接近)。2世纪的大医学家盖伦,也给出了很多有关药物运用的论述。

然而,西罗马帝国崩溃之后,地中海西部的医学水准急剧倒退。直到8世纪初,一个比较稳定的阿拉伯世界出现后，一息尚存的本草学才逐渐复苏和进一步发展。

从中亚到伊比利亚半岛的广大疆域都由文化背景相近的阿拉伯帝国控制，方便了许多物种的跨距离传播。统治者们提倡水利灌溉，礼待游学者，并利用新发明的纸张，对整个已知世界的信息进行收集和整理。各个政权推行相对合理公平的土地所有和产品分配制度。基于以上因素，阿拉伯世界出现了以农业技术改良、新物种扩散传播，进而推进城镇繁荣为特征的欣欣向荣的局面。在此期间，迪奥斯科里德斯提到的不少原本只能在地中海东部找到的物种，都被引入到与起源地相隔数千公里远的地方。在马拉加、塞维利亚等地，都建起了珍稀物种琳琅满目的苑囿，这为本草学在阿拉伯世界西部的兴盛打下良好基础。

在贝塔尔之前，阿拉伯世界已经出现了很多久负盛名的医家。而贝塔尔通过严谨的治学态度，把古典时代的遗产、阿拉伯前辈学者以及他本人的广博见闻熔于一炉，从而把阿拉伯本草学向前推进了一大步。

**《药食汇编》**

他的《药食汇编》收录了约 1400 种药物，约 2330 个条目，其中有300多种药物是阿拉伯医学新研究出来的。

作为那个时代本草学最重要的文献，这部书怀有一种雄心，就是把用各种语言记载的药物信息记录下来，加以比较，删繁就简，从而形成一部可以通行于任何地方的药典。

贝塔尔意识到，虽然阿拉伯世界通用阿拉伯语，但流传下来的古代文献，或者他访求到的口头秘诀，仍使用着五花八门的语言。为此，对于每一种药物，贝塔尔都不厌其烦地列出它在希腊语、安达卢斯阿拉伯语、拉丁语、柏柏尔语和波斯语等语言里的精确读音，以避免错误或混淆。同时，他也不会忽略所采集标本的地理信息。

但是，这并不意味着《药食汇编》是一部繁琐啰嗦的著作——尽管它确实是一部巨著。贝塔尔把同一物种的不同拼写词汇按字母表列成单独条目，其中很多同义条目都引导读者去参见某一核心条目，不再重复解释，使得整本书显得明快简洁。

该书每个条目都按特定顺序展开描述。在药物名称之后，对它的外观、分类、药性、用量标准、能够治疗的疾病进行描述。对于它们的功效，作者会列举单独或与其他药物相配合的用法及对可能存在的副作用的补救措施。贝塔尔非常仔细地解释各类药物的制作方法,最适合它使用的地方、季节、时间。但他对那些迷信的用途往往持保留或怀疑态度。

《药食汇编》是阿拉伯科学著作谨守学术规范的典范。在每一段话的开始,贝塔尔都引用前辈学者的已有观点。他征引过来自古希腊、安达卢斯、波斯、叙利亚、卡尔迪亚、印度及东部阿拉伯世界、马格里布等国家和地区的约150名学者的观点,其中不乏拉齐、伊本·西那等大师。

唯二例外的,当属比贝塔尔年代稍早,前文提到的伊本·鲁世德和迈蒙尼德。由于这两位学者的思想在当时阿拉伯学术圈内备受争议,因此尽管对一些药物的讨论与他们的理念相符,但整部书里几乎没有正式出现过他

上半部为药店微缩模型的木柜

们的名字。

作为一部严守引用规范的著作，《药食汇编》的另一功绩就在于让许多失传古书的只言片语得以保留。

但贝塔尔绝非仅仅步武前人。在书里，除对所引论述进行评论外，一些以"他"作为开始的段落表明此处是贝塔尔的个人经验。这样的段落数量大约有 400 个，因此《药食汇编》还是一部颇具原创性的著作。

中世纪晚期的欧洲陶药罐

现在较容易阅读的《药食汇编》版本，当属法国学者勒克莱尔在 19 世纪末翻译的法译本。可惜这个译本也并没有完全反映其原貌，因为勒克莱尔略过了欧洲学者比较熟悉的古希腊本草学内容，这导致原书其他部分的一些评论显得无的放矢、空洞。

### 后世影响

由于《药食汇编》收录内容丰富以及突出的原创性特征,让大部分科学史家都认为作为本草学家和植物学家的贝塔尔堪称伟大,有所争议的仅是,他应被视为"中世纪第一人",还是"中世纪伊斯兰世界第一人"。

这看似好笑,实际上反映了一个问题:贝塔尔在植物分类学史上扮演着什么样的角色?

文艺复兴时期以后,欧洲学者为本草学投入的力量不足,且古典时期的论著里很少有关于西欧和北欧物种的描述,这就导致直到17世纪,欧洲植物分类学都没有取得很好的成绩。

直到18世纪,林奈等学者才在恪守对古典命名法的偏爱的基础上,逐渐提出植物分类的完整体系。这很大程度上缘于欧洲人在东方探险事业的逐渐扩大,使更多富有异域色彩的物种开阔了欧洲人的视野。在这个过程中,受贝塔尔影响的阿拉伯本草学以及中国本草学,都起到了积极的作用。

由于文化的开放和包容,阿拉伯本草学在古罗马的废墟上逐渐绽放;又由于文化的狭隘与偏见,近代植物分类学走过相当长时间的弯路。但贝塔尔所属的阿拉伯本草学,对于今天科学的发展仍不无启迪意义。

## 哥伦布的东方镜鉴
### ——皮里·雷斯

通过15—16世纪的地理大发现,富有冒险精神的航海先驱们极大拓展了旧世界对地球的认识,从而让欧洲进入了一个朝气蓬勃的时代。面朝大西洋的西班牙和葡萄牙,抢去了不久之前刚刚攻落千年之城君士坦丁堡的奥斯曼土耳其帝国的风头。

尽管阿拉伯航海者在长期实践后,积累了深厚的底蕴,掌握了系统而精湛的航行技巧,但在欧洲航海学和地理学新成就喷涌而出的同时,阿拉伯航海界在最后几位大师闪耀之后逐渐没落。海洋的话语权,也从阿拉伯世界旁落到欧洲人手中。其中一位见证者,就是土耳其航海家皮里·雷斯(Pirī Reis,1465—1554)。

## 海上宿将

皮里·雷斯("雷斯"意为"船长")出生在土耳其达达尼尔海峡最北端港口盖利博卢(Gelibolu,又称加里波利)。他12岁就跟随叔父航行于地中海,后来他们都成为奥斯曼土耳其重要的海军将领。

在地中海航行,皮里·雷斯不可避免地要经常和西班牙等当时的基督教国家打交道。他在1492年抵抗西班牙"收复失地运动"的尾声中,参与过把大量穆斯林和犹太人从格拉纳达运回北非的行动。由于西班牙随即广建严酷惩罚异端的宗教裁判所,所以这次营救的意义不亚于约四个半世纪后的

达达尼尔海峡边的皮里·雷斯塑像

17世纪后期的盖利博卢

敦刻尔克撤退。

此后,皮里·雷斯又在诸多海战中留下踪迹。作为一名富有经验的船长,他非常注重吸收航海新知识。皮里·雷斯非常注意搜集整理有关岛屿和海岸线的最新资料。根据这些资料撰写的著作,使他成为阿拉伯航海史上最重要的人物之一。

1554年,已是耄耋之年的皮里·雷斯被指控在与葡萄牙海军作战中临阵脱逃,只顾转移几十年来通过航行积累的大量财富,苏丹下令将其斩首。他的宝藏和著作,都被没收到伊斯坦布尔的托普卡珀皇宫。

### 身后著作

没入官府的皮里·雷斯地图长期湮没无闻,直到 1929 年托普卡珀皇宫被改建为博物馆时才被重新发现并得到研究。可惜的是,这两幅分别完成于 1513 年和 1528 年的世界地图,都只留下很少的残片。

两幅地图都属于 13 世纪到 17 世纪常见于地中海地区的波特兰海图(portolano),即主要描绘海岸线的航海图,并能用绘制的罗盘指示方向,以指导航行。在地名标记方面,波特兰海图注重岛屿、海岬、港口的名称,内陆地名则被省略。

波特兰海图的显著特征是绘有整体呈环形分布的大小不等的罗盘,及用于表示方向的自罗盘中心向外发出的放射状直线。其中一些直线会交错形成方格,一些海图上绘有赤道和南北回归线,但总体来说都缺乏经纬线。

与同时代其他海图相比,曾献给苏丹观看的皮里·雷斯地图要更美观一些。上面的重要地名和岛屿都用红色墨水标记,还画有动物、人物和船只等形象。

1513 年地图现存 90 厘米×65 厘米,约相当于原图的三分之一,主要绘制了大西洋两岸,右边从比斯开湾、伊比利亚半岛向南一直到几内亚湾,左边则从加勒比海向下方绕过圣洛克角的巴西海岸,最下方是连接南美洲和非洲的大块陆地。由于新世界比旧世界比例尺大,因此大洋两岸地方的对应关系与现代存在一些偏差。

　　根据地图罗盘所在弧度推测,遗失的地图可能包括从非洲一直延伸到东亚海岸和东印度群岛的区域。后者对于当时欧洲人来说相当新鲜,因为 1498 年达·伽马才开辟了从欧洲到印度的航路,到东南亚更晚至 1509 年。至今,我们不知道遗失的部分里有关欧洲和阿拉伯航海的知识有多少。

　　现存地图上有一个引人注目的名字"库伦布"(Qulūnbū),即哥伦布。皮里·雷斯声称他参考了包括哥伦布所绘海图在内的 30 多种地图,因此 1513 年地图有多少内容源于哥伦布也是一个饶有趣味的问题。

　　1528 年地图幸存下来的部分更少,约 68 厘米×69 厘米,主要绘制了北大西洋从格陵兰岛到中美洲的区域。这幅地图改正了前一幅地图中的一些错误,显示出在十余年之后,人们对美洲地理更准确的认识。

绘有土耳其海船的陶盘

皮里·雷斯还著有《论航海》(*Kitab-i Bahriye*)一书，该书在20世纪之前就存在1521年和1525年两种版本的20多个抄本。这部书可谓中世纪航海领域的收官之作。全书分为两部分。第一部分主要介绍航海技术知识，如风暴信息、指南针和恒星导航的使用技巧、海洋的特征以及哥伦布、达·伽马等人的最新发现。第二部分载有200余幅从地中海到大西洋的彩色波特兰海图以及沿岸城市的名胜古迹。皮里·雷斯认为，搜集这么多区域性海图，能够比单张海图更全面、充分地反映各地实情。该书具有极高的史料价值。

《论航海》中绘制的从皮兰(Piran)到伊佐拉(Izola)的海岸

## 南极疑云

1513年地图尽管很晚才被重新发现,但数十年来,不时有一种言论把它与南极洲陆地轮廓线联系到一起,这源于不严谨的学术态度。

20世纪30年代,土耳其学者阿费特·伊娜提出,皮里·雷斯1513年地图利用远超当时水平的绘图方法,最早给出了南美洲和非洲之间的精确距离(实际上并非如此)。考虑到当时土耳其正经历凯末尔改革,所以皮里·雷斯地图作为土耳其文化的优秀遗产,其历史地位很容易被故意拔高。

20世纪50到60年代,一些作家把目光转向1513年地图中南美洲与南极洲的关系。通过复杂但缺乏依据的投影变换,他们得出结论认为1513年地图里的南方大陆,描绘了从南极半岛到毛德皇后地一带冰雪以下的陆地轮廓。为了解释这种离奇观点,1513年地图被强行与诸如外星文明、亚特兰蒂斯文明等联系到一起。

可是,如果联系自古典时代以来就存在的诸如"印度洋是内海、非洲与亚洲通过南方大陆连接"的观念,当时其他地图中同样存在的南方大陆,及1513年地图上的南

西亚·北非篇

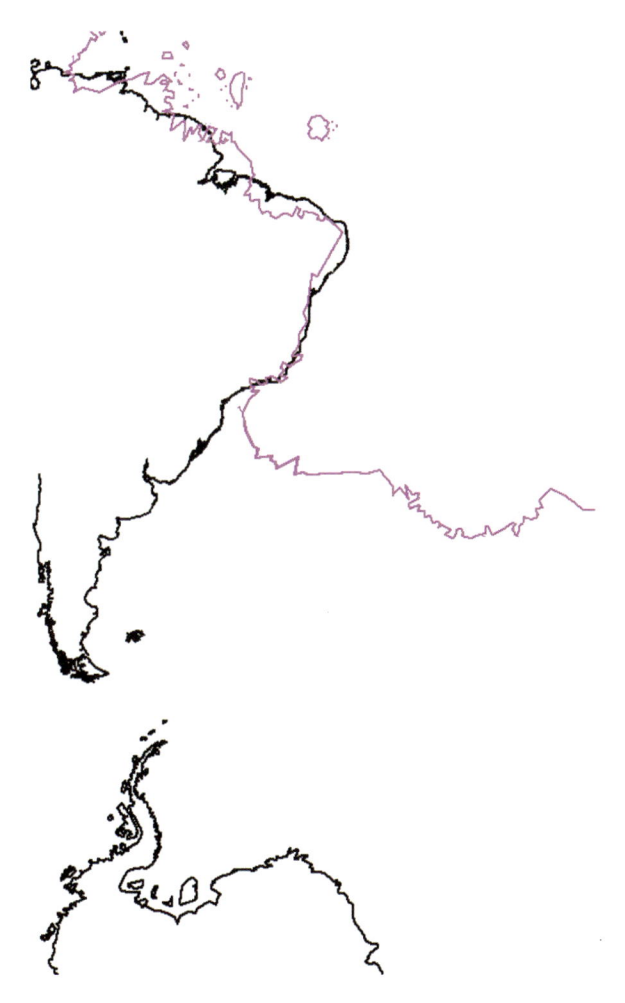

皮里·雷斯地图海岸线(紫色)与南美洲和南极洲实际海岸线(黑色)的对比

方大陆很热且有人类废墟、大蛇、盛产香料(都与南极洲情况迥异)等铭文,就可以看出,前面的观点实乃无稽之谈,只是噱头而已。另一方面,比起同时代的其他海图,1513年地图虽然准确度更高,但还称不上最精确,更远不如几十年后奥特柳斯(Ortelius)等人所作的地图。

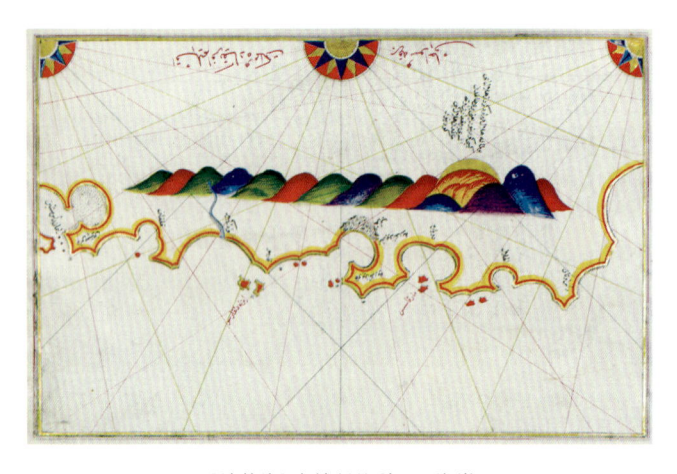

《论航海》中绘制的利比亚海岸

这样的事例在科学史上并不罕见,还曾有人认为14世纪一幅地图中所展现的北大西洋岛屿是哥伦布之前人们对西半球海岸线的描绘(实际上很多岛屿只是来自传说)。当然,诸如受到外星人启发等说法,更是违背"如无必要,勿增实体"法则的臆想。

**哥伦布之鉴**

如果1513年地图本身所用技法并没有领潮流之先,那它在科学史上还有什么价值呢?部分价值可能在于,它反照出哥伦布坚韧乃至执拗的精神。

目前学者们认为,1513年地图中大部分内容可以直接或间接追溯到葡萄牙地图,但以重复出现的维尔京群岛为区分标志,波多黎各以北的加勒比海地区主要参考了哥伦布第二次航行所绘地图。

为什么这么说呢?首先1513年地图中许多地名都与当时葡萄牙地图相同,而在理念上,皮里·雷斯也不认为新大陆就等同于亚洲。1513年地图尤其与藏于大英图书馆的一幅地图(Egerton Ms. 2803 fol. 9v)有许多共同点,这指明它们可能拥有共同源头——某幅在1504年后绘制的葡萄牙地图。

但是,1513年地图还有一些有趣的地方。除了很多地名与哥伦布地图直接相关外,还有两处陆地的形状与哥伦布记述相符。

一处是现在的海地岛,当时被称为伊斯帕尼奥拉岛

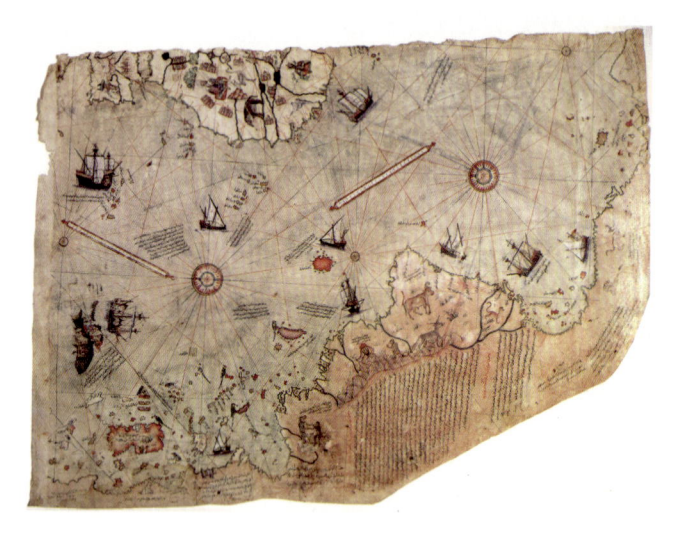

皮里·雷斯 1513 年地图

(Hispaniola)。地图中该岛大致呈南北走向,实际上是东西方向。

另一处是现在的古巴。地图中现属古巴的一些地名,如关塔那摩湾(哥伦布命名为 Puerto Grande)等,被与中美洲的巴拿马等地连接到一起,成为大陆的一部分。

在他依照马可·波罗等前辈记载而构建的世界里,伊斯帕尼奥拉岛应当就是南北走向的日本(Cipango),而古巴则是中国(Mangi)。

古巴和海地地区在1513年地图(左)和1528年地图(右)的对比

或许哥伦布在他自己使用的航海地图里会标出海地岛是东西走向的,而古巴也只不过是岛屿。但这和他本人追求的根本目标截然相反,如果他承认这两点,那么等于宣告他的印度梦破灭。

因此,哥伦布有可能在第二次航行后在呈现给赞助者的地图中,对这两处地方进行了错误且不实的绘制。对此,哥伦布秘而不宣。我们不应因此过分埋怨哥伦布,因为大胆的探险精神与对已有思维结构的保守,在同一个人身上共存本就是极为正常的。

在1528年地图中,皮里·雷斯依照资料修正了这两

1550年的美洲地图，此时南美洲已与南极大陆分开

处错误。但是，他1513年地图却因这两处错误，而意外折射出哥伦布个人的影子。在19世纪被发现，并被认为是已遗失的哥伦布地图的最早复制品的胡安·德·拉·科萨地图（1501年）里，这几处地方均呈现出不同面貌，这显示出拉·科萨与哥伦布的不同观念。而皮里·雷斯的1513年地图，则因此成为最早的如实反映哥伦布本人想法的一面镜子。

## 从"鹰巢"图书馆到大汗天文台
### ——纳西尔丁·图西

在 13 世纪的几十年间,蒙古军队仿佛在欧亚大陆上树立起一座座"熔炉"。此前,不少距离遥远的人们彼此只能通过中间人的媒介作用才能接触。但在蒙古军队摧枯拉朽的攻势之下,从东亚到西亚这一广大空间内,原本在层层转接后被阻碍或扭曲的对对方的模糊了解,一下子被撕开了阻挡的窗

阿塞拜疆占贾市的纳西尔丁塑像

户纸,变得清晰起来。蒙古统治者在文化上并不保守,他们对来自不同背景人才的效忠持开放和接纳态度,哪怕这些人不久之前还与自己为敌。被誉为"世界上学识最渊博、最有智慧"的纳西尔丁·图西(Naṣir al-Din Ṭūsī,1201—1274)就是其中之一。

## 矢志向学

纳西尔丁出生于伊朗东北部呼罗珊地区的突斯(今马什哈德附近)。他的父亲是一名声望卓著的宗教法官,非常注重对孩子的教育。令人敬佩的是,图西的父亲不仅让他自幼学习什叶派教法,还鼓励他学习世俗学问,向在各个领域持有不同观点的人学习,领略他们的真知灼见。对此,纳西尔丁在其中年所作自传里说:"在你同时代人眼中最可鄙的人那里,或许反而能发现真理。"

抱着这样兼容并包的态度,纳西尔丁开始钻研古代科学和哲学的不同分支,尤其是数学。十几岁时,他觉得蜗居于突斯一地已经无法满足他的学习需要,便向西旅居到尼沙布尔,向当地硕学请教在西亚和欧洲都富有影响力的伊本·西那的学说。后来他还到现在伊拉克北部的摩苏尔等地继续深造。

纳西尔丁的求学经历在中世纪阿拉伯世界里并不罕见，他的什叶派背景并没有阻碍他从其他教派的学者那里汲取知识，也没有阻碍他从理性出发的科学探索。纳西尔丁在后来的著作中，坦承地说古代科学，无论是哲学还是数学，都对解决困扰阿拉伯世界数百年的教派纷争深有助益。

**化敌为友**

学业有成之后，纳西尔丁来到当时盘踞在伊朗北部的实力派阿萨辛派的大本营——"鹰巢"阿拉穆特堡。阿萨辛派的创始者"山中老人"哈桑·沙巴早年研究过数学、天文学等，"鹰巢"除培养刺客外，还建有庋藏丰富的图书馆，哲学家、科学家和神学家可以在这里自由辩论。纳西尔丁在沉浸于这里的图书馆的同时，是否皈依了阿萨辛派，我们不得而知。不过由于成吉思汗的驸马爷在尼沙布尔遇害，纳西尔丁的故乡突斯和曾经求学的尼沙布尔于1221年被蒙古军队攻陷。纳西尔丁来到阿拉穆特堡，也有寻求阿萨辛派庇护的意图。

伊朗阿拉穆特山脊上的阿拉穆特城堡遗址

　　阿萨辛派确实给蒙古军队的前进道路铺上了荆棘，在25年时间里，蒙古军队没有染指里海南岸的这片区域，直到1255年蒙古大汗蒙哥派遣他的弟弟旭烈兀征服西亚。当时，旭烈兀意识到如果不彻底摧毁阿萨辛派，就不可能完全控制阿拉伯世界。1256年，蒙古军队发动对阿拉穆特堡的围攻，尽管"鹰巢"拥有陡峭的地势、坚固的防御和复杂先进的供水系统，但在蒙古军队更先进的攻城技术面前，阿拉穆特堡还是在抵抗一年后宣告投降。纳西尔丁也成了旭烈兀大军的俘虏。

也许人们觉得作为蒙古军队的俘虏，纳西尔丁会受尽屈辱，然而并没有。蒙古统治者对占星学需求旺盛，纳西尔丁借着"观察星星"而被延揽为宫廷天文学家和宗教事务大臣，并迅速吸引了许多达官贵人"粉丝"。远在万里之外的蒙哥也写信给旭烈兀，要征召纳西尔丁到中国建设天文台。此前在蒙古汗廷里，已经有札马鲁丁等来自西亚的阿拉伯天文学家，但他们的能力不足以完全胜任建设天文台这一繁难复杂的事务，所以当时已经盛名远扬的纳西尔丁就被大汗圈定。不久，蒙哥在征讨南宋的战争中死去，此事不了了之。或许受大汗命令启发以及为表达对他忠诚服务的谢忱，统治伊利汗国的旭烈兀邀请纳西尔丁在伊朗西北部的马拉盖建设一座天文台。

马拉盖天文台遗址

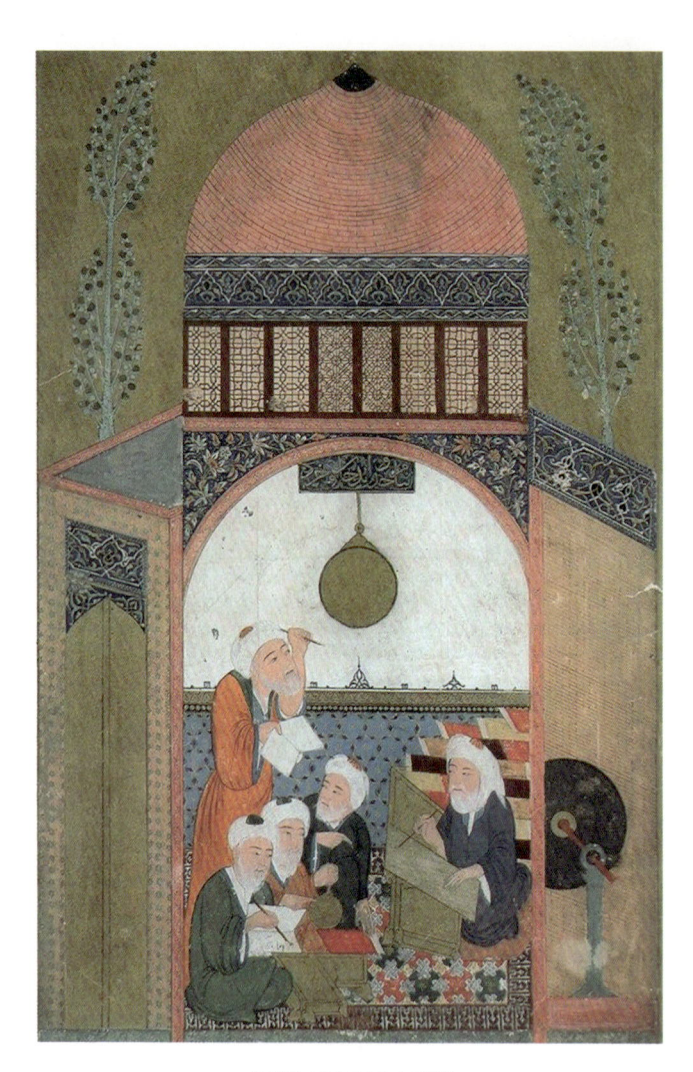

纳西尔丁在天文台观测

在这座天文台里,纳西尔丁收集了大量科技文献,建造大型观测仪器,并招募全世界的天文学家。据说一些中国学者也曾在这里工作。

1274 年,纳西尔丁率领一批学生离开马拉盖去往巴格达,同年他在那里去世。

**著作等身**

纳西尔丁·图西是中世纪阿拉伯世界著作最丰富的作者,他用波斯语和阿拉伯语创作了超过 150 部书,用"著作等身"来形容他并不过分。在哲学方面,他主张重新弥合几百年来阿拉伯传统与古希腊传统之间的分歧,引入古希腊哲学概念来冲淡弥漫在阿拉伯文化上空的教派分歧。

纳西尔丁尤其被古希腊学者擅长的精密科学吸引,特别是天文学和数学。他主持修订了 9 世纪巴格达的阿拉伯学者们翻译的古希腊著作。他对欧几里得的《几何原本》、托勒密的《天文学大成》以及其他许多古典时代学者和阿拉伯前辈学者著作进行了修订,这些著作成为中世纪晚期阿拉伯学者研究和吸收前人文化遗产的教科书式范本。

除了修订前人著作，纳西尔丁本人也做了很多原创性贡献。他在欧几里得平行公设和球面三角学领域的创新，随着对早期文献修订的刊布而为当时学者所熟知。他在历史上第一次列出球面三角形中直角三角形的六种情况，从而使球面三角从它长期依附的天文学中剥离出来，成为独立的研究领域。

纳西尔丁注释的欧几里得《几何原本》

作为马拉盖天文台的主持者，制作天文仪器、修订星表、测定方位等工作可谓纳西尔丁的本职工作，他的成果也借助伊利汗国的官方权威渠道得到很广泛的传播。在制定历法时，纳西尔丁借用了中国的干支纪年，这成为天文历法知识沿丝绸之路传播的一件美谈。

不过他最重要的原创成就还是在理论天文学领域。从很早开始，阿拉伯天文学家就被托勒密体系里某些前后矛盾的现象所干扰。例如,某些模型违反了天空中所有运动都应符合的均匀圆周运动的基本原则。为解决这个问题,纳西尔丁设计了一个由两个旋转球体组成的天文模型,使它在能够再现托勒密高精度特性的同时,保持均匀的圆周运动。这个模型在接下来三四个世纪里对阿拉伯天文学具有决定性的影响,为后来学者多次尝试改进托勒密系统提供了起点。在梵语和希腊语里都能找到不同形式的"图西双轮"的术语,表明他的天文学原创成果已传播到了印度和欧洲。他的天文学观点对包括哥白尼在内的几位文艺复兴时期的天文学家都产生了影响。

纳西尔丁《天文仪器制作指南》封面

此外,纳西尔丁在伦理学、自然哲学、数学、宗教、音乐、矿物学、逻辑学等许多领域都进行过研究。有人把他

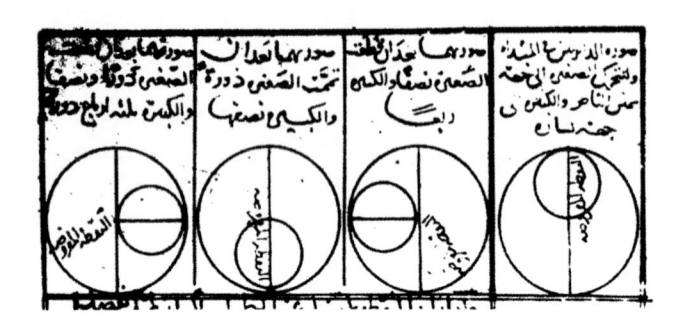

图西双轮

和中国的朱熹、拉丁世界的托马斯·阿奎那等大学者并列,称他们是 12—13 世纪人类文化史上最重要的角色。

## 七百年前的二十万里壮游
### ——伊本·白图泰

13—14世纪,是世界上各个文明交流空前频繁的时期。在此之前,阿拉伯世界从语言和风俗等方面把亚洲和非洲的许多地方连为一体。而随着13世纪初蒙古帝国的兴起,从东亚到中亚的人类交流壁垒也在很大程度上被打破了。有学者认为这两个世纪是地理大发现之前人类全球化的一次高潮。

在这次全球化浪潮中,我们可以看到很多在人类已知的世界中长途跋涉的旅人。中国人比较熟悉的是13世纪末的马可·波罗及15世纪初顺着这次浪潮余波出航的郑和。其实在他们之间,还有一位大旅行家在三十年间勇闯三大洲,行程约20万里,他就是伊本·白图泰(Ibn Battūtah)。和其他撰写著作的旅行者一样,白图泰的《游记》也为我们留下了当时不同地区人们相互交往的珍贵资料。

### 首次远行

1304年,伊本·白图泰出生于非洲西北角古国摩洛哥的丹吉尔。

伊本·白图泰画像

这里位于直布罗陀海峡的大西洋一侧。早在公元前5世纪,迦太基航海家汉诺就曾从这里出发,探索非洲西海岸。到公元8世纪初,这里则成了欧洲人面对汹涌而来的阿拉伯军队,在非洲据守的最后一块土地。此后这里一直是繁忙的海港。白图泰尽管出身于律法世家,但丹吉尔的航船、浪花和海鸟对他追求于天尽头翱翔的志愿影响甚大。不过,白图泰的家学对他日后的生存大有帮

17 世纪的丹吉尔

助——他做了很长一段时间的宗教法官。

21 岁时，白图泰决定出门远行，到麦加去朝觐。在晚年的自述中，他写道："我一个人出发，既没有可以寻求庇护的同伴，也没有同行的商队。驱使我的，只是内心那种过分的冲动，和长期以来访问久负盛名的圣地的心愿。"于是他如鸟儿般飞出巢穴，把父辈沉重的羁绊抛到一边。通常从摩洛哥出发去麦加朝觐需要 16 个月，但青年白图泰预料不到的是，他再次见到故乡是在 24 年后。

实际上在很多时候，为了避免常见的拦路抢劫，白图泰还是要与商队同行的。曾有一位修行者预言他要想顺利到达麦加,必须先经过叙利亚。白图泰听从了这则预言,在短暂游历尼罗河上游后,从埃及向东北的叙利亚地区进发。从叙利亚的大马士革到麦加途中,要经过希伯伦、耶路撒冷、伯利恒等多个宗教圣地,这些城市之间的道路被称为"朝觐之路",是与丝绸之路齐名的古代人类交流之路。为保证朝觐之路的畅通和安全,当时统治埃及的马穆鲁克王朝可谓尽心竭力。因此经由叙利亚到达麦加看似绕路,其实是更稳妥的出行方案。

埃及金字塔下的骆驼商队

西亚·北非篇

白图泰1327年路过的大不里士城镇市场

在麦加和麦地那朝觐后,白图泰向下一个目标,伊利汗国统治下的波斯进发。从汗国首都大不里士返回后,他坐船从麦加的外港吉达出发,驶出红海继续向南航行,最远到达现在坦桑尼亚的基尔瓦。这比一个世纪后郑和航海所到达的非洲最远地点蒙巴萨(今肯尼亚首都)还要远一些。随后,白图泰沿着阿拉伯半岛东南部海岸线,返回波斯湾地区。

**从印度到中国**

在五年之内第三次到访麦加后,白图泰听说印度新兴的图格鲁克王朝苏丹励精图治,正在广招天下贤才,尤其急需阿拉伯律法精英来维护稳定。于是白图泰决定向更远的印度进发,投入印度苏丹的麾下。

当时波斯湾一带海盗肆虐,白图泰选择走陆路,先经过安纳托利亚半岛,再沿着黑海北岸进入东欧草原。爱好旅行的白图泰还想进一步到"黑暗之地"(阿拉伯学者对"西伯利亚"的称呼)游览,但因当时遍地积雪而作罢。向东走过里海后,白图泰折向东南,途经布哈拉、撒马尔罕等丝绸之路历史名城,再穿过现在的阿富汗和巴基斯坦,最终到达位于印度北部的都城德里。

虽然陆路比海路花费的时间更多,但由于这条路上途经的埃及马穆鲁克王朝、小亚细亚塞尔柱王朝、拜占庭帝国和金帐汗国在当时大体为同盟关系,保障了黑海北岸的陆上丝绸之路的安全畅通,所以白图泰选择陆路路线。值得一提的是,白图泰所走路线,有很大一部分与半个多世纪前马可·波罗的父亲谒见忽必烈的路线重合。

求贤若渴的印度苏丹同时是个冷酷而多疑的君主。在最初的几年,他对白图泰礼遇有加,但最后险些把白图泰作为乱党处决。而且印度教在当时的印度底蕴深厚,伊斯兰法律推行不顺,白图泰遂萌生了退意。1341年,一批从元朝来的使节让白图泰看到了离开的希望。苏丹让白图泰加入回访中国的使团,他们计划沿着当时繁荣的海上丝绸之路,经过孟加拉国、东南亚后到达中国。

这次旅行从一开始就不顺利,出发不久就遇到了强盗,又在印度港口卡里卡特(中国古籍中称为"古里")遭遇了风暴。虽然前途未卜,但白图泰觉得返回德里危险更大,他便在印度海边的小国待了一阵,后坐船到新近皈依伊斯兰教的马尔代夫群岛担任法官。在他晚年的自述里,白图泰透露出对马尔代夫秀丽景色的怀念。盘桓数月后,他终于能够登上一艘中国商船,继续完成出使中国的任务。

虽然此后的航行仍然屡有波折,但白图泰最终于 1345 年,也就是离开德里四年之后抵达当时世界上首屈一指的港口——泉州(又称"刺桐")。他受到那里阿拉伯商人的热烈欢迎。根据他的自述,此后他先后游历了中国的广州、福州、杭州,之后在"汗八里"(即元大都,现在的北京)谒见了元顺帝。完成出使任务后,他回到泉州并准

马尔代夫硬币上的伊本·白图泰

始建于北宋年间的泉州清净寺

备返乡。1349年,他终于回到丹吉尔。仅仅在此前几个月,他的母亲去世。

### 晚年著述

白图泰的精力似乎还没用完,他很快再次出发,先渡过了直布罗陀海峡。白图泰短暂休息之后,又掉转马头向南穿过撒哈拉沙漠,一直走到现在西非的马里共和国首都廷巴克图和重镇加奥。他记录的沿途的盐湖制盐和贩盐景象,显示出他是沿着传统的跨撒哈拉贸易之路前进的。1353年,白图泰的旅程被摩洛哥国王的一封召回信打断,此后他没有继续远行。

回国后,白图泰回忆了三十年间旅行的见闻,又大量参考和引用之前阿拉伯学者的游记,并以自身经历为线索,写成了《致对城市奇观和旅行奇迹的关注者》一书(常被称为《游记》)。这部书里有一些内容是作者的道听途说,有一些在现代人眼中甚至荒诞不经,但它仍然是一部记述14世纪人们已知的世界大部分地区的制度、经济、风俗、物产等诸多方面面貌的重要文献。在书中,白图泰提供了不少手工艺、工匠组织、动植物等对古代科技史研究富有价值的信息。

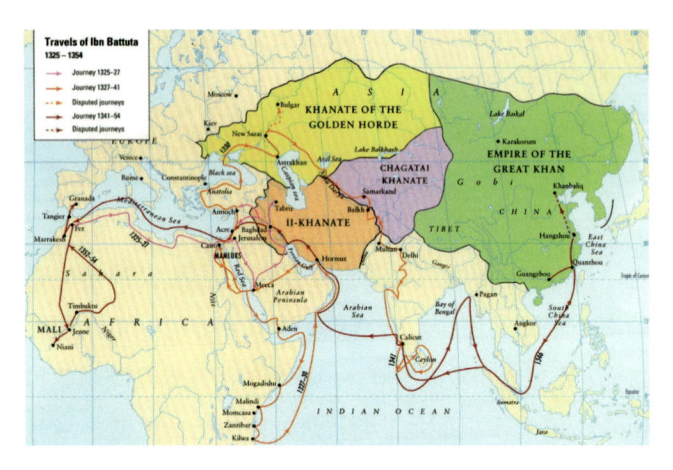

伊本·白图泰的旅行路线

后人对白图泰的评价往往趋于两极化。在一些人眼中，白图泰只是个吹牛皮的家伙，因为他的一些记载与实际情况并不相符，有些路线甚至存在大段空白，一些学者便认为他并没有真正到过中国（异曲同工的是，很多人也怀疑马可·波罗没有到过中国）。而另一些人则持续提升白图泰的形象，说他熟练掌握诸多旅行技能，既是一名天文学家，也是一名熟练的导航员等。其实抛去偏见，我们完全可以对白图泰进行客观理性的认识。他通过回忆来记叙旅行见闻，难免会有一些偏差，但是综合他和其他旅行家的游记，可以还原出更加准确的历史现场。同时我们也应看到,在专业上,白图泰首先是一名法学家,而不是一名科学家。他的著作不乏细致的观察,但科学造诣不深。

伊本·白图泰的画像

# "也门之舌"
## ——哈姆达尼

强大的阿拉伯帝国阿拔斯王朝建立后,在其广阔的疆域内开展文化建设,鼓励各领域学术研究,从而为在中世纪独领风骚数百年的阿拉伯科技打下基础。到 9 世纪后期,以巴格达为中心的阿拔斯王朝境内各种矛盾开始集中爆发,帝国的向心力减弱,这导致从中亚到北非,涌现出多个区域性文化中心。

其中,位于阿拉伯半岛西南部,和巴格达相隔一整片无人居住的沙漠的也门,就是传统文化重新绽放的一个区域。摆脱强大帝国的束缚,显然很难是一个优雅平和的过程。有一位百科全书式学者,就活跃在这个复兴与动乱并存的时代，他就是哈姆达尼（Muhammad al-Hamdānī，893—约946或之后）。

## 喧嚣尘世

从姓氏可以看出，哈姆达尼出身于哈姆丹部落，这是也门北部的一个望族，在中世纪也门政坛上曾起到举足轻重的作用。哈姆达尼的家族在首都萨那定居，并以深厚的文学修养著称。哈姆达尼的名字伊本·哈利克，就取自他一位著名的诗人先祖，可见他被长辈寄予了继承诗书文化的厚望。

也门古城马里卜遗址

然而,哈姆达尼出生时,也门局势异常动荡。9世纪末,尤费里王朝新继位的统治者被指责为登上宝座犯下弑父罪行,而幕后操纵者正是他的祖父,已退位多年的老太上皇。这如同捅了马蜂窝,也门的局势开始动荡。

从901年到913年,幼年的哈姆达尼目睹了首都萨那被各方势力攻陷了20次,投降了3次,另有5次攻而不克。直到916年,局势才在尤费里王朝掌控下,逐渐稳定下来。这场乱哄哄的争斗不仅摧毁了民心,还破坏了支撑经济的也门北部焦夫地区的银矿。这给哈姆达尼的成长带来很明显的影响。他热情地支持他的部族在战争中的立场,认为造成乱象的根源在于乘虚而入的外部势力。

在他的长诗《割裂智识之伤》里,他回应了200年前阿拉伯半岛北部诗人阿萨迪对南阿拉伯部落的讽刺。原诗有590句,现保存下来476句。哈姆达尼为帮助读者理解,亲自撰写了详细的注释,使这首诗成为一部庞大的著作。在其他诗歌中,哈姆达尼也歌颂故乡,反对尤费里王朝拥护者中的外国人。这使得他两次被投入监狱。有记载说他于946年在狱中死去,也有人说他出狱后回到故乡继续著述,一直活到961年之后。

## 史地巨著

对家乡的深厚情感促使哈姆达尼撰写了一部历史著作和一部地理著作,来献给他的国家和人民。这两部著作分别是《王冠》和《对阿拉伯半岛的描述》。

《王冠》共 10 卷,但只有 4 卷流传下来,其中第一、二卷和第十卷记录了南阿拉伯部族的世系表,第八卷描述了前阿拉伯时代也门的希木叶尔王国(尤费里王朝自称是其后裔)所建的最早的城堡。在遗失的几卷里,据说第三卷讲述了南阿拉伯部族的美德,第四到六卷记载的是前伊斯兰时代南阿拉伯地区的历史,第七卷抒发了作者对虚假传统的批判,第九卷则是希木叶尔王国的碑铭。

哈姆达尼《王冠》封面

希木叶尔时代带有铭文的石碑(现藏于大英博物馆)

《对阿拉伯半岛的描述》是中世纪唯一一部系统描述阿拉伯半岛南部地理的著作。这部书以哈姆达尼本人的广泛游历为主要来源,同时援引了同时代其他地理学家的描述,他熟悉托勒密、赫耳墨斯·特里斯墨吉斯忒斯、迪奥斯科里德斯等希腊化时代学者的著作,也从阿拉伯和萨那本地的天文学著作中汲取了部分内容。这部书的主体部分,是从也门开始介绍了阿拉伯半岛各地的自然、政治和经济地理状况。幸运的是,这部书完整地流传了下来,因此我们能够了解到当时山峦、河谷、干谷情况,动植物情况,部落和居民的分布情况,城镇和城堡情况,人口数量,土地的耕作灌溉情况,朝圣之路的走向等珍贵内容。

也门古城施巴姆的传统建筑——"摩天大楼"

哈姆达尼对地理和历史背景的重视,还体现在他的其他著作里。例如在医书中,他讨论了气象因素对动植物生长和人体健康的影响;在地理著作中,他常以诗歌的形式,保存有关食物、气候、物价、家畜和矿藏的知识。

## 冶金全书

针对南阿拉伯的社会生活,哈姆达尼写了三本书,分别是《耕作方法》《论骆驼》和《论黄白两种贵金属》,其中只有最晚完成的第三本书保存下来。不过从哈姆达尼著作的残卷里,我们仍可以知道很多也门农业的历史碎片。例如当时也门从斯里兰卡引种了芒果,也开始种植咖啡,还掌握了高粱和小麦的种植知识。

《论黄白两种贵金属》是哈姆达尼重要的冶金学著作,他对黄金和白银这两种贵金属的所有方面,包括宗教、文字记载和语言学等都进行了详细阐述。但在书中最主要的,还是对阿拉伯、伊朗和东非地区的矿产分布和阿拉伯地区提炼、提纯、测定、镀金、焊接等冶金技术的记述,及对货币铸造、用金箔装裱书籍、玻璃生产等工艺的首次描述,堪称阿拉伯冶金史上最早、最全面的著作。

书中内容主要是从他在也门矿坑中的观察、问询在那里劳作的工人和冶金铸造专家获取的。这些工匠早在前伊斯兰时代就从波斯迁移到也门,因此许多术语都源于伊朗地区。也门久负盛名的武器盔甲锻造技术,可以追溯到希木叶尔时代,原材料中的钢材则主要来自印度。

对于金属起源和它们对人体的影响等问题,哈姆达尼提到了亚里士多德、迪奥斯科里德斯和希波克拉底等希腊学者的相关论述。因此这部书是文化融合的产物。

根据哈姆达尼等学者所记载的阿拉伯冶金灰吹法制作的银扣

在当时盛行的炼金术风气里,哈姆达尼的观点可谓一股清流。他不认同借助灵药把贱金属转换成贵金属的做法。他坚持黄金来自金矿石,白银来自银矿石,而不是其他种类的金属。金属通过精湛的化学工艺得到提纯,而不是通过魔法或其他仪式。哈姆达尼对工艺细节的记载相当精确,根据他的描述,可以对许多仪器进行复原。

通过亲身体验和与工匠的近距离接触,哈姆达尼对采矿和冶炼对人体健康的影响也认识颇深。在《论黄白两种贵金属》中,他记录了一些医学知识,如贵金属的医疗效果,如用黄金治疗皮疹,又如金、银、铜、锑、汞等金属的医学用途;还记录了金属给人体带来的危害,如接触汞蒸气会引发偏瘫,接触含铅和铜的烟雾会伤害牙齿、损害腰部等。为预防上述危害,冶金作坊会在炉子和工匠之间砌一堵墙,或让工匠掩住口鼻。

也门银矿已开采数千年,以此为原料制作的银器非常著名

总之,从哈姆达尼的著作中,可以看出他不仅拥有杰出学者所应有的独立精神,还是一位勇敢的爱国者。他不畏惧时局的动荡和牢狱的威胁,敢于与外来势力相对抗,而竭力留下本民族和本地区的珍贵记忆。他并不盲从于托勒密、亚里士多德等先贤,而是以自己的经历和观

察为基础,以求实精神为指导,记录本地区的地理风貌和本民族的工艺遗产。这些优秀的品质,使他被尊称为"也门之舌"。

## 现代外科学之父
## ——宰赫拉威

当我们这些普通人翻开医生专用的器械包,往往会被闪着寒光的手术刀震慑,其他手术器械,如镊子、剪刀等也很容易让我们敬而远之。但如果我们看到手握柳叶刀的是身着白大褂、戴着口罩的医生,顿时又会放下心来。这些手术器械无不要求使用者稳、准、快、细,这是医务人员基本的专业素质,也是让我们打心眼里信赖他们的原因。

医疗器械的起源非常久远。世界许多地方都留下了史前时代穿颅手术的遗迹,没有合适的器械这样的复杂手术是不可能完成的。到中国的战国至秦汉时期及地中海地区的古罗马时代，医疗器械已经发展到很高的程度，我们在很多大博物馆都能看到成套的医疗器械。

古罗马帝国灭亡后，随着科技中心从欧洲向阿拉伯世界转移，外科学也逐渐汇集到阿拉伯医生那里。在 10 世纪与 11 世纪之交，在安达卢斯，也就是穆斯林统治的伊比利亚半岛，出现了一位名医宰赫拉威（al-Zahrāwī，拉丁译名是阿尔布卡西斯），他设计了对古人

印有宰赫拉威肖像的邮票

来说非常精细的医疗器械，并对众多疾病提出正确的解释，他的著作成为随后 500 年西方外科学的标准教科书。因此，宰赫拉威被后人尊称为"现代外科学之父"。

**悬壶生涯**

宰赫拉威生于安达卢斯首府科尔多瓦郊外的小镇宰赫拉，这座小城在 11 世纪初的内战里被摧毁，也导致宰赫拉威的生平信息大部分都丢失了。我们只知道宰赫拉威

一直住在科尔多瓦并担任宫廷医生等职务。

尽管我们对宰赫拉威的个人生活所知甚少,但从他的医书和后人著作里,我们仍可找到一些显示他高明医术的传说。有一次,人们把一名试图割喉自杀的年轻女奴送到宰赫拉威的诊所。经过细心检查后,宰赫拉威发现这名女奴只是割断了气管,颈部动脉和静脉等大血管仍然完好无损。他赶快缝合伤口,止住少量出血。那名女奴伤口愈合后,除了声音有些嘶哑外,几乎完全恢复了。

宰赫拉威还操作过许多神经外科手术,他的治疗减轻了许多遭受颅骨、脊柱损伤、脑积水等病痛的患者的痛苦。

### 外科巨著

宰赫拉威的力作《医疗方法》(*Kitab al-Tasrif*)完成于公元1000年。这部书共36卷,是一部包含外科手术、药学、骨外科、眼科、牙科、产科、护理学、病理学等方面的医学著作。第一卷讲述了医学的基本原则,第二卷是病理学,后面大部分篇幅都是对药物的讨论。但对后世意义最深远的,当属这部书里被放在最后的关于外科的记述。

外科医生在两名助手协助下在拉伸机上治疗病人(14世纪)

外科医生在诊所接待病人(14世纪)

宰赫拉威本人确实有"最重要的东西要放在最后展示"的想法，因为他认为外科是医学实践的最高形式，医生在熟悉医学其他领域之前，是没有能力驾驭外科手术的。

在这部书里，宰赫拉威展现出高尚的医德。他强调万万不可因门第尊卑而对病人持不同态度，而维持良好的医患关系将给医生带来无穷的便利。他视学生如己出，鼓励他们与患者之间保持最近距离，以便最细致地观察患者病情，并给出最准确的诊断。

《医疗方法》展示出宰赫拉威的诸多医学新见解，他对后世许多医家倾力研究过的疾病进行了早期探讨。例如，他对至今仍在使用的治疗肩关节脱臼的牵引回旋法及妇女分娩时"回旋体位"的描述，分别比瑞士医生柯歇尔和德国医生沃尔彻早约900年。他在法国人安布鲁瓦兹·帕雷之前600年就提出了结扎血管的技巧，这种止血办法除被用于治疗偏头痛外，还能帮助血友病患者止血。宰赫拉威在历史上首次描述了这种疾病，并观察到这种怪病只出现在男性和他们的儿子身上。但由于那时距离遗传学的提出还差好几百年，他没有给血友病提出确切解释。

## 医疗先驱

宰赫拉威著作引人注意的一项特色，是对不同功能医疗器械的详细描述。它们被集中收录在《医疗方法》的第30章和最后一卷《论手术与器材》里，这奠定了他此后数百年在欧洲的崇高声望。这是有史以来第一部带有插图的手术指南，带有向学习者充分展示手术步骤及特定外科手术所用特殊工具的目的。宰赫拉威以图表的形式绘制出各个步骤里用得到的器械，来阐述执行手术的具体步骤。他在书中介绍了200多种手术器械，包括各种类型的手术刀、牵开器、刮匙、钳子、窥器以及他为烧灼和结扎疗法设

1541年出版的《医学著作纲要》中收录了宰赫拉威的《医疗方法》第30章

计的器械。他发现肠线似乎是唯一能够溶解并且被身体接受的天然物质，于是就用它来进行内部缝合，这种方法直到今天仍在沿用。

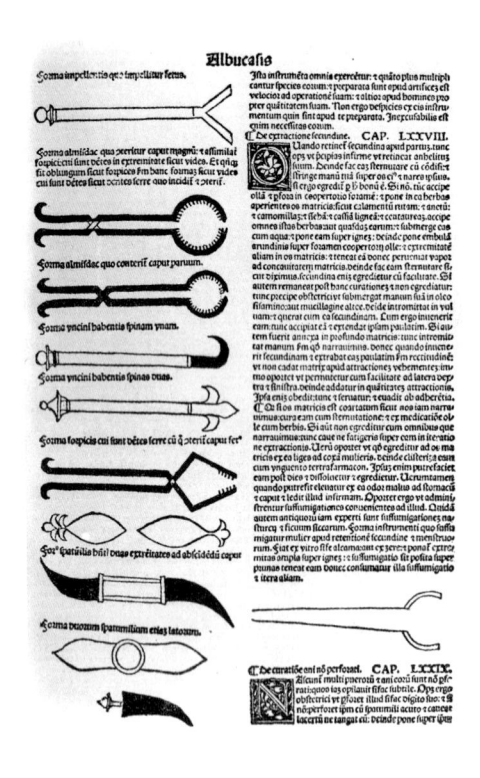

拉丁文版宰赫拉威著作及书中的手术器械

宰赫拉威使用灼烧疗法的场景

与宰赫拉威同时期,还有伊本·西那等著名医学家,宰赫拉威与他们可谓并驾齐驱。他们都是在充分吸收古人成就的基础上对阿拉伯医学进行了完善。宰赫拉威沉浸在对先贤遗产的思考之中,还从经验和实践中汲取活的知识。他承认当时阿拉伯医学在外科手术方面不够发达(而且这对医生提高社会地位形成了阻碍),而造成这种不发达的原因是解剖学知识的缺乏和对人体结构的错误认识。

对于解剖学认识不足而导致的医疗事故,宰赫拉威并不陌生。他曾目睹有人把颈部的肿胀诊断成脓肿而切开,但实际上那是动脉瘤,结果病人立刻因失血死去。有鉴于此,宰赫拉威警醒学习者:致力于外科手术的医者必须精通解剖学,这样他才能了解人体结构的外观、联系和边界。"他们应当彻底熟悉神经、肌肉、骨骼、动脉和静脉。"如果医生对解剖学和生理学了解得不充分,就会造成病人死亡这一严重后果。

在治疗手段匮乏的古代,结石病给病人带来巨大痛苦,在治疗过程中患者也会遭受巨大疼痛,甚至死亡。宰赫拉威发明了一种仪器,能在不需要手术切口的情况下压碎并取出结石。这种早期碎石疗法很快传入欧洲,为很多结石病人带来福音。

在牙科和牙周病方面,宰赫拉威也作出了巨大贡献。他用金银线加固松动的牙齿,并且在牙科史上首次提出了再植方法。他还发明了从牙齿上刮去牙结石的器械,并推荐人们用它预防牙周病。

### 流芳千载

尽管宰赫拉威的故乡在他生前就惨遭破坏,但这并不影响宰赫拉威的名望越传越远。他死后不久,《医疗方法》就由 12 世纪意大利翻译家赫拉德翻译成拉丁文,并很快在欧洲流行,成为当时意大利萨勒诺和法国蒙彼利埃等主要医学院的标准教材。他是中世纪被引用最频繁的外科手术权威,欧洲基督教世界的医生对他推崇备至,称颂他"在所有手术师中,毫无疑问是最杰出的"。他的影响一直持续到文艺复兴时期,当时他的著作仍被广泛学习。

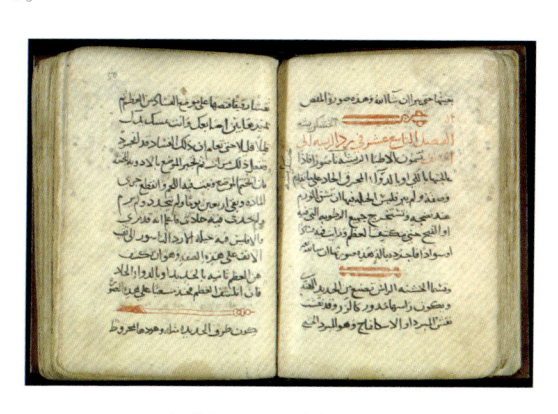

宰赫拉威的外科论文手稿

为纪念宰赫拉威的贡献,他在科尔多瓦居住的街道依其拉丁名字被命名为"阿尔布卡西斯街",这条街道的 6 号,就是宰赫拉威的故居。对于今天的广大医学生来说,这里可谓一个极其值得瞻仰的圣地。

科尔多瓦的阿尔布卡西斯街

# 阿拉伯科学与哲学的先驱
## ——肯迪

常言道:"文无第一,武无第二。"在百花齐放的历史长河中,我们很难界定谁是古往今来最伟大的哲学家、文学家或科学家,但要说谁是某个领域里最早的开辟者,那么我们就能更容易寻找答案。辉煌的古典时代落幕后,西方世界的文化重心也从地中

肯迪画像

海沿岸向西亚转移。在这次转移中，一些兼收并蓄的学者既作为园丁在知识花园里小心翼翼地培育异域奇葩，又最早在东西方文化交融的知识盛宴中享用了甜蜜的果实。其中一名努力在阿拉伯土壤里移植古希腊科学文化，从而促使新的阿拉伯知识传统诞生的先驱，就是9世纪活跃在阿拔斯王朝宫廷的肯迪（al-Kindī，约801—约873）。

**天潢贵胄**

我们对肯迪的生平并不了解。关于他的生卒时间，我们也只能依文献里的片言碎语进行推测。在他的一本占星著作里他提到了公元866年发生的一次暴动，这意味着他很可能活到870年以后。而他在哈里发穆阿台绥姆（在位于833—842年）期间就已经很出名，那么他很可能出生于9世纪初。

肯迪来自阿拉伯帝国重镇库法地区的肯达部落，这个部落在阿拉伯人征服周边地区的过程中发挥过至关重要的作用，可谓声名显赫。肯迪的父亲曾担任库法的总督。肯迪年轻时来到首都巴格达，参与了用理性方法捍卫宗教信条的穆尔太齐赖派思想运动，并成为深受哈里发穆阿台绥姆信任的青年才俊。在哈里发的支持下,他撰写了许多哲学著作,其中一些著作被题献给哈里发,另一些则献给受教于他的皇子。

公元 1 世纪的肯达部落壁画

为了与号称继承罗马帝国正统的拜占庭帝国竞争,同时借助外来文化压制本土渊源久远的波斯文化,阿拉伯帝国的统治者鼓励学者们对希腊学术著作全盘引进。不凡的出身加上统治者的信任,让肯迪能够担任规模庞大的翻译运动的组织者,其中一些翻译者也是他的门客。他们密切合作,以当时已经比较成熟的古叙利亚语作为中介,把古希腊科学和科学著作引进到阿拉伯世界。对希腊语原始文献的不倦搜集以及辛勤的翻译工作,使肯迪的家庭图书馆远近闻名。

位于今沙特阿拉伯的肯达王国法乌古城建筑遗迹

幼发拉底河后浪推前浪,在新的哈里发穆塔瓦基勒(在位于847—861年)统治期间,肯迪的受宠程度开始低于当时另一支重要的学术力量巴努·穆萨三兄弟。三兄弟觊觎肯迪的家庭图书馆,故而将肯迪构陷入狱。不过与肯迪友善的工程师信萨纳德·阿里趁巴努·穆萨因监修运河不力而有求于他时,帮助肯迪夺回了图书馆。

肯迪的最终结局见于其助手的记载,据说他的膝部积累了许多黏液,在用老酒和蜜水医治无效后伤口感染,最终失去了生命。

## 兼擅科哲

在现代学者眼中,肯迪更以一位哲学家出名。实际上从 10 世纪书商纳迪姆留给我们的阿拉伯学术著作目录来看,被标记为肯迪所著的近 300 条著述条目中,仅有 21 条被列入"哲学"范畴,即便加上逻辑学和用于治世的实用哲学,也不过 30 多条。相对而言,除去一些涉及宇宙论的无法确切划分

阿尔比诺·纳吉(Albino Nagy)编的肯迪哲学著作

为科学还是哲学范畴的著作,肯迪的大部分论述还是集中于科学的各个分支,包括算术、平面几何、音乐、天文学、球面几何与距离测量以及医学等。很多中世纪阿拉伯学者也不认为肯迪是哲学家,而是把他看成是一名工程师或科学家。

有一些著作以现在的眼光来看,似乎属于"伪科学",如占星术、勘地术等,不过他并非对"伪科学"深信不疑,而是以个人信仰、客观认识来指导其具体研究,例如他对占星术的探索就是以对宇宙的认识为基础的。

肯迪五花八门的著作显示出他对世间万物都抱有广泛兴趣。有些著作显然是为了迎合贵族支持者的需求,例如对宝剑、珠宝和香水等奢侈物特性的研究。其他使后人有"那个时代有教养的人所应了解的知识,肯迪一样都不缺"这样赞叹的主题,如动物学、潮汐成因、镜像原理、气象学和地震学等,往往也是不断看到世界各地稀罕玩意、急于求知的哈里发所喜欢的。宫廷学者积累的深厚学养,能够从君主那里换回相应的宠信和威望。

### 算数之学

这样一位百科全书式学者在诸多领域取得的成就,显然不是一篇小文章所能充分概括的。我们暂且把陌生的占星学和宇宙论放到一边(这不意味着他们不重要),粗浅谈一下古希腊算术对肯迪各领域论述的影响。

肯迪重视观察和实验,更重视用数学概念和论证提出合适的理论,使之与观察到的现象相符。在药理学、光学等方面，他都提出了新的算术解释。如果我们从以"正确答案"为出发点的"后见之明"来看，不少讨论都是走弯路，但放到当时的历史语境里，肯迪的贡献足以对后人形成启发。

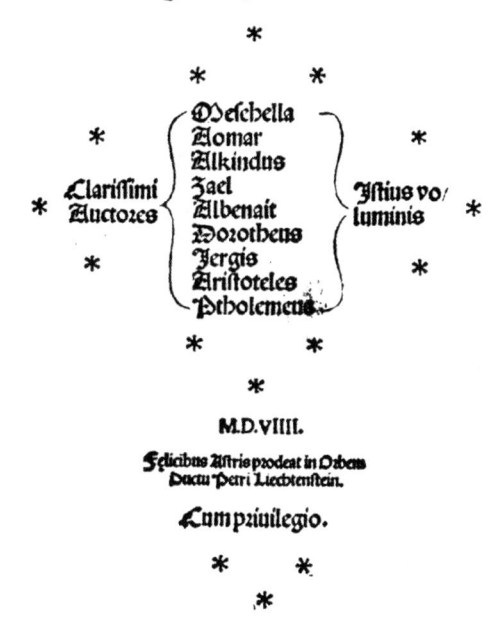

拉丁语译本《占星全书》（1509 年）

例如他论述药物时,用几何级数来标记药物的疗效。所有药物先被划分成热、寒、干、湿四种性质,而药方的最终目的是达到各种性质的均衡——这里的均衡不是说药方不具备任何性质,而是要具备所有性质,换句话说就是既热又寒,既干又湿,所有方面都要照顾到。不同身体状态对应于五个程度的各类性质,各度之间在数量上相差两倍。为了让身体恢复平衡状态,医生要严格按数量调配具有不同程度疗效的药物。

例如肯迪记录乳香是"二度热的",而豆蔻是"一度热的",也就是乳香和两倍数量的豆蔻在造成身体"热"性方面的力量是相同的。这里的"热"指的不是人能感受到的温度,或燃烧后得到的热量,而是一种抽象概念,这与中医

药物性质是中世纪阿拉伯医学论述中的重要主题

知识体系不无相通之处。四种药性的理念可以追溯到古希腊医学家盖伦——肯迪在各个科学领域的探讨都深受后者影响,但他的药物剂量研究比古典时期的学者更迈进了一步。

肯迪对亚里士多德等古希腊学者提出的视觉理论并不满意。他认为人之所以能看到物体,并不是因为原子从物体上脱落进入人的眼睛,而是如欧里得和托勒密所述,可以从人的眼睛引出一条"视线",这条线最终与看到的物体相撞。肯迪用几何方法论证了一些镜像成因的问题。

亚里士多德和柏拉图等古希腊学者在阿拉伯著作里很受推崇

例如他提出,镜子所反射的视线,以和入射角相同的角度离开。这样的解释也适用于凹面镜和凸面镜。

与欧几里得不同的是,肯迪认为"视线"并不是单纯的没有宽度的线。如果那样,从眼中发出的视线束就是离散的。他更倾向于"视线"的抽象性,这些从眼中发出、在空间上呈现为锥体的视线最终使人们看到连续的物体。肯迪的视觉理论开启了后世阿拉伯学者探讨视觉形成理论的新篇章。

以上简述的两个领域,仅是为了说明肯迪的研究在古典时代与中世纪阿拉伯科学之间的过渡、桥梁意义。他的科学体系由抽象的数学推理驱动,肯迪还认为人们应当从算术、几何、音乐和天文学入手来学习数学,这都与古典时代的亚历山大学派传统相吻合。同时他探讨的各类问题又成为后世阿拉伯学者不断研究推进的主题。尽管肯迪的许多著作都因年代久远而遗失了,但他无愧于"阿拉伯科学与哲学先驱"的称号。

## 为大汗献出天文与算术之钥
### ——阿尔·卡西

在长达近千年之间,中世纪伊斯兰世界高举的知识和学术的火炬,几乎只在各个王朝都城之间传递。尽管思想创新的自由流动受到限制,但至少在 15 世纪初,从北非到安纳托利亚,再到中亚,新的学术中心逐渐形成。其中,在中亚阿姆河与锡尔河之间(即"河中地区"),帖木儿汗国兴盛一时。它继承了此前各个大型政权把首都建设为文化与学术中心的壮志,经过帖木儿、沙哈鲁和兀鲁伯三代大汗的建设,帝国都城撒马尔罕聚集了大批各个领域的英才。这些学者中最著名的,当属天文学家和数学家阿尔·卡西(Jamshīd al-Kāshī, 1380—1429)和诗人鲁米。前者以制作天文仪器的杰出才能以及《算术之钥》中的众多成就,不仅成为服务兀鲁伯学术爱好的得力助手,也在科技史上留下了显赫声名。

卡西献给兀鲁伯图书馆的天文学论文手稿

### 学者生涯

1380年,阿尔·卡西生于今伊朗中部的文化城市卡尚,当时此地受帖木儿汗国控制。他早年生活似乎比较动荡,因而有努力向学改变命运的想法。但我们并不清楚他早年的成长与求学经历,只能从 1406 年卡尚的一次月食观测中看到卡西最早的学术印迹。次年,他将一本天文学著作(《天国阶梯》)献给当地长官。此后,他不断向更高层级的贵族呈现学术著作以寻求庇护和资助。最终,他的成就得到当时还是太子的兀鲁伯的注意,后者不但是王储,还热衷于天文观测,正准备在撒马尔罕兴建规模庞大的天文台,卡西关于建造观测仪器的论述适逢其会。

卡西的出生地卡尚是伊朗著名的瓷砖产地,这或许为卡西论述建材体积和表面积提供了土壤

从1417年起，兀鲁伯开始在撒马尔罕开设学堂，传授神学、教法、逻辑学、数学和自然科学，为此他邀请各个领域的顶尖学者。在这个研究机构里，卡西作为最杰出的天文学家和数学家而受到倚重。1424年，兀鲁伯的天文台破土动工，卡西被委任设计当时尺寸最大、测量最精确的仪器。

比起少年时期的坎坷，此时的卡西可谓已跻身成功人士之列。在回复仍留在卡尚的父亲的信件中，卡西生动地记载了他在撒马尔罕的生活，包括兀鲁伯这样的君主是如何频繁地光顾科研机构，他们的交往是多么密切，在与学院中其他六七十名学者辩驳或解决学术难题时他取得了多么辉煌的胜利，天文台的仪器是如何制作的等内容。兀鲁伯在很多方面都接纳了卡西的建议，可见他们二者之间的亲密关系。当然，这封信也成为研究帖木儿帝国科技史的重要资料。

卡西之兴衰都与兀鲁伯有着千丝万缕的联系。1429年6月22日，卡西在撒马尔罕天文台外遇刺，年仅49岁。幕后凶手据说是兀鲁伯。因为卡西对朝中另一派神学家持激烈的反对态度，这使得兀鲁伯不得不为平衡势力而忍痛割爱。不过，卡西追寻的科学事业并没有因他之死而中断，他未完成的著作在其身后仍被后人补充和完善，兀鲁伯天文台则一直使用到15世纪中叶。

撒马尔罕兀鲁伯天文台遗址

**测天之器**

卡西在抵达撒马尔罕之前就已经在天文学领域作出了贡献。1413年，他在赫拉特完成了《哈卡尼星表》，这部星表改进了一个半世纪前纳西尔丁·图西的《伊利汗星表》。卡西以六十进制的形式(卡西常用六十进制来表示数值，但他在推广十进制方面也作出了许多努力)，为每个角度求出分、秒以下的4位(相当于十进制的小数点后8位)精确数值,并制作表格来帮助读者进行天球坐标系的转换(如从黄道坐标系变换为赤道坐标系)。这本书还记载了河中地区许多地点的地理坐标,为绘制更精确的地图奠定了基础。

在天文仪器的发展历史上,卡西也具有相当重要的地位。他首先研究了此前伊利汗国马拉盖天文台所使用的仪器,并在《喜悦花园》中描述了他称为"联星盘"和"环带盘"的两种仪器。前一种仪器是10世纪早期行星定位仪的最终发展形态,其功能是在几乎不使用天文表的前提下,仅用机械方法就能给出行星任意时间下在黄道上的位置。卡西较前人作出的改进是在仪器中添置了带有平行刻度尺的中央照准仪。在刻度尺的帮助下,观测操作可以更加方便地依靠观察照准仪的投影来进行。第二种仪器"环带盘",则可以根据事先计算的每个行星的经度差以及它们在各自轨道中每天穿越的距离,用机械计算两个行星会合的日期。可惜的是,我们还不太了解这种计算仪器的其他细节。

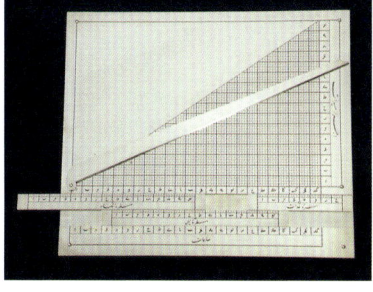

卡西"联星盘"（复原）　　卡西"环带盘"（复原）

## 一代算圣

卡西更大的成就在于数学，尤其是三角函数和代数领域。这方面他的代表作是1427年完成的《算术之钥》。这是一部内容如百科全书般丰富的数学著作，卡西希望通过运用"由相关已知量求得未知数的基本规则组成的科学"，也就是算术学来解决天文学、测量学和社会经济生活等领域内的问题。例如，他以精湛的数学技能用复杂的计算方法和构造，计算出曲线外切体、斜圆柱体、斜锥形体以及其他不规则的空心体、尖拱、拱顶、圆顶和钟乳石形体的体积。

《算数之钥》最显著的成绩在于，卡西在书中借计算任意数字的五次方根，总结出计算任意次方根的任意位

钟乳石状装饰(Muqarnas)是伊斯兰建筑的经典特征，卡西在《算术之钥》中给出了它表面积的计算方法

小数结果的一般性方法，也就是西方数学所说的"霍纳法"。值得注意的是，在卡西之前约 200 年，这种计算方法就已在中国南宋数学家秦九韶的《数书九章》中到运用。卡西利用构造五次方程来求得数值解的思路，与秦九韶的方法有类似之处，这或许不能只用"不谋而合"来概括，也许是蒙古汗国西征裹挟着懂得这类算法的学者向西游历，让这种算法为阿拉伯学者所知。

我们熟知在探索圆周率精确数值的历史上，祖冲之曾让中国一度领先，卡西则又把祖冲之大大甩到身后（当然他比祖冲之要晚约一千年）。在 1424 年完成的《圆周论》里，他批判了前人所使用的方法，而通过计算圆内接和外切 $3\times2^{28}$，即 805306368 边形的周长，给出了两倍圆周率（$2\pi$）精确到六十进制下 9 位之多的数值（其精确度相当于十进制下小数点后 16 位），即 $\pi\approx$ 3.14159265358979325。卡西在该书导言中提到，在宇宙那么大的尺度下，哪怕所用圆周率存在极小误差，也会导致实际观测中的显著错误。用他提供的圆周率数值计算出的结果，能够让观测结果与预测值的误差在"一根马毛"（波斯长度单位，约等于 1 寸的 1/36）的宽度以内。这个结果比近 200 年后欧洲学者范·罗门给出的结果还要准确（但后者却常被称赞使圆周率测量进入一个新的光辉时代）。

卡西定理

在未完成的著作《论弦与正弦》中，卡西计算出了从

1°开始的精确到六十进制下 10 位的正弦值。此前，学者们多依赖古典时期天文大师托勒密计算正弦的方法，在 3°间隔下只能计算出个别角度的正弦值。卡西在计算方法上进行了创新，提出 $\sin3\theta = 3\sin\theta - 4\sin^3\theta$。如果 $\theta = 1°$ 时，就可以根据此前

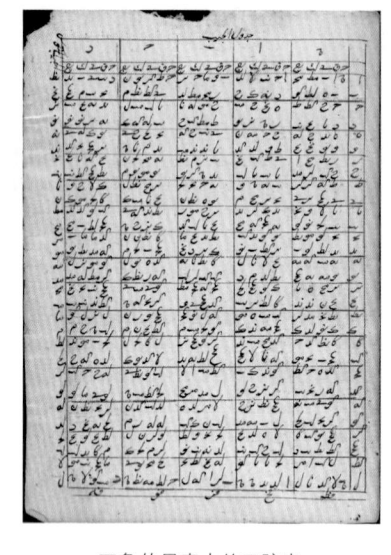

兀鲁伯星表中的正弦表

已知的 3°正弦值计算出每隔 1°的正弦数值。这样计算正弦数值就被转化为解三次方程。这种算法在西方通常被归功于 16 世纪法国数学家维耶特。卡西的计算结果让他贡献出空前精确的三角函数表，并成为兀鲁伯此后推出精确的天文表格的关键。

卡西在科学创造方面横空出世时，已经是 20 多岁的"大龄青年"，他在良好环境下全心投入研究，满打满算也只有 10 年时间。他的天文学和数学成就，都是由细致耐

$$c^2 = (b - a\cos\gamma)^2 + (a\sin\gamma)^2$$

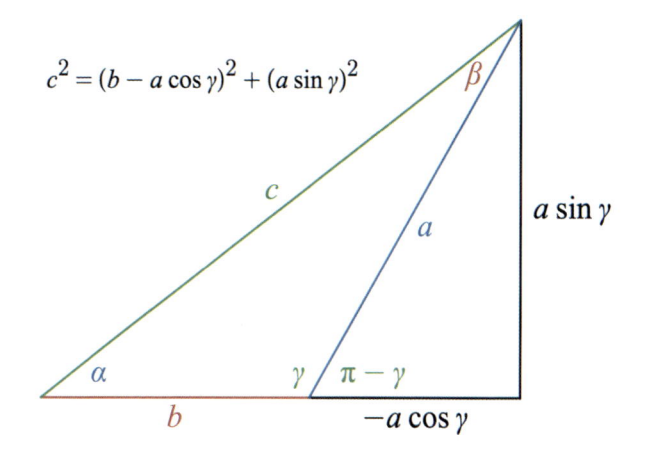

卡西论证的余弦定理表达式

心、孜孜不倦的科学精神一点一滴凝结而成的。他在仪器制作方面的创新，又体现出集成和发展前人成果的灵性。我们或许可以用"一代算圣"来概括卡西的一生，同时惋惜如果没有被暗杀，他应该可以作出更大的贡献。

## 千年前的进化论疑云
## ——贾希兹与他的《动物学》

自 160 年前达尔文的巨著《物种起源》出版到今天，达尔文提出的自然选择理论，和孟德尔遗传定律相结合发展出的现代进化综论，在科学界已经得到压倒性的证据支持。诸如人从古猿进化而来等学说，几乎已经人尽皆知。现在几乎所有科学家都认为，人类和其他动物是通过进化而变成现在的样子。

作为科学理论，进化论也是不断"进化"的，它经历了不断通过科学验证而去芜存菁的曲折过程。例如在达尔文之前，进化论思想主要体现为拉马克等学者提出的"用进废退"和"获得性特征可遗传"等假说。那么，在更早的古代，是否存在与演化有关的思想，或者进化论的萌芽呢？

**动静之辩**

尽管受到过去占据统治地位、与世界各文化传统紧密结合的五花八门的神创论的压制，但前面问题的答案是肯定的。类似于人起源于动物，并最终追溯到植物乃至矿石的观念，在一些古代神话里就提出了。

一些思想邃密深沉的古希腊哲学家，如阿那克西曼德曾提出人类的陆栖祖先来自水中，具备现在形式的第一个人由其他不同动物所生等观点，让他在 19 世纪获得"第一位达尔文主义者"的美誉。他的学说此后又由恩培多克勒进一步阐发。他认为我们所说的灵魂的生死，只不过是构成芸芸众生的元素的聚散而已。最早的动植物类似于小片段，其中一些通过不同组合而存活下来，它们非常巧合地以恰当方式结合到一起，以我们的后见之明看来，就好像暗中有人安排一般。

然而，这种早期演化观点被古希腊亚里士多德明确拒绝。他提出，生物应当按结构和功能的复杂性放置在静态的"生命阶梯"或"存在巨链"之中，在生物出现的最终原因是形式必须与功能相一致,这意味着生命不可能是偶然起源的。亚里士多德思想在后世展现出巨大影响力,这种大自然是为某种目的而设计出来的论点,被称作目的论。它受到古希腊和古罗马大多数哲学家的拥护。

古典时代终结后,古希腊学说逐渐流入新兴的阿拉伯文化中,这吸引了一些现代学者的目光,让他们从那里搜寻古代进化论雏形。有文章认为,到了9世纪初,在贾希兹的《动物学》中重新出现了早期进化论的踪迹,但又有学者提出,这实际上只不过是一场乌龙事件。这究竟是怎么一回事呢?

贾希兹画像

## 文化巨子

贾希兹(al-Jāhiz,776—868/869)来自阿拉伯帝国阿拔斯王朝统治下的港口城市巴士拉,他的名字来源于绰号,意为"肿眼泡"(也有翻译成"凸眼人"的),这可能揭示了他显著的面貌特征。我们对他的童年所知甚少,只知道他自幼就具有难以想象的学习热忱以及显著的探索精神,这驱使他走出家庭,去追随那些饱学之士攻读文学、语言学和诗学。不久这位年轻人被认可为穆尔太齐赖派的活跃成员,这个8—10世纪间风行一时的学派倡导运用理性和借助希腊哲学来自由讨论宗教教义。当时阿拉伯文化发展仍处于急剧上升阶段,大量新鲜的思想从四面八方涌入巴士拉等文化中心,这让贾希兹能够深入接触各种外来文化,增加对自然知识的了解。

贾希兹的早期学术活动让他赢得了哈里发的关注,并成功地在首都巴格达站稳脚跟。他在朝廷里没有固定职务,但他曾担任过王子们的老师,并从所著书籍获得了丰厚收入。在巴格达,他进一步接受贤哲们的教诲,拓宽眼界,锤炼了自己的哲学思想。在首都度过50多年后,晚年罹患偏瘫的贾希兹叶落归根。据说,在私人图书馆中,有一本书从高高的书架落下,砸中正在翻阅资料的贾希兹,使这位年逾九旬的老翁当场猝逝。

在漫长的一生中,贾希兹留下了大约 200 种著述,其中只有不到 30 部流传下来。他在当时是一流的散文作家,其创作题材广泛,如关于

卡塔尔发行的贾希兹邮票

动物,他写过《论狮子与狼》《论骡子及其使用》《论狗》等;关于植物,他写过《论谷物》《论枣、橄榄和葡萄》《论枣酒》等;关于其他科学领域,他写过《论矿物》《对药物的批判》《反对炼金术》《国家与地理学》等。此外,他还撰写了大量关于人生智慧的文章。贾希兹的一些著作非常具有史料价值,如他在《对商业的洞察》中记录了当时从世界各地涌入巴格达的货品,其中不乏从中国输入的丝绸、瓷器、纸墨、马鞍、宝剑等,他还记录了当时东非的斯瓦希里海岸的风土人情。

在诸多著作中,贾希兹最重要的作品当属《论动物》,也正是这部七卷本的图书,引发了现代学者关于他是否

算得上"进化论之父"的争论。

## 切勿轻言

《论动物》与其说是本科学著作,更像是旨在增长读者见闻的逸闻趣事集,主要关注大型哺乳动物、重要的鸟类以及苍蝇、虱子、跳蚤等虫类。作者并没有在书中讨论鱼类,因为他对此缺乏可靠了解。他按富有特色的分类法编写,描述这些动物的特性,并广泛征引文学作品中的描述来讲述阿拉伯人对它们的了解,还发表了一些他本人的看法,此外动物交流使用的语言、中毒或阉割对动物的影响等则混于其间。书中关于老鼠吃掉所有弱于它的动物且要避免成为蛇、鸟类的猎物,蛇要设

《论动物》中的长颈鹿

法从海狸与鬣狗口下逃生,蚊子吸食大型动物血液,苍蝇捕猎蚊子的记录等内容,尽管在细节上不够准确,但在世界范围内是对食物链思想的较早阐发。

贾希兹除征引了许多亚里士多德《动物学》的内容外,还引述了其他古希腊学者的观点。对于前人所说,贾希兹并没有盲从或满足于剪裁拼接,而是通过自己的观察形成独立判断。即便对于被视为神圣的宗教经典,他也时常流露出批判态度,这与他本人的思想倾向非常一致,而

《论动物》中的牛

这样的动物学著作此后在伊斯兰世界并未再次出现。

那么,为什么会有学者把贾希兹与进化论联系起来呢?

因为他们认为,在《论动物》中,贾希兹提出了动物演

化的三种机制:生存竞争、物种转化以及环境因素对物种的影响。当然,这也涉及东方文化对从科技史角度寻找民族自豪感的尝试。

*《论动物》中孵蛋的鸵鸟*

在生存竞争方面,除前述不同物种间的捕食关系外,贾希兹还认识到同物种成员间也存在竞争。他说上帝为繁殖设定了限度,使得个体数量保持在合适比例,否则就会导致灾难。对于物种转化,贾希兹断言原有物种为适应环境,会发展出一些新特征,并逐渐形成新的物种。例如,人的原始祖先是四足动物,因此人保留了狗、狼、狐狸等物种的一些特性。当然贾希兹并没有否定上帝的神力，他说上帝可以按其意愿将物种任意转化。对于环境因素的影响，贾希兹相信食物、气候、避难所等因素对物种有生理和心理上的影响。物种在严酷的环境下为生存而竞争，他们会因环境变化而出现新的特征，这些新的特征会逐渐固定下来传给后代。他引用航海者对摩洛哥等地当地人的观察，认为空气和水的污染导致这些当地人变得类似于四足着地的兽类，而且如果环境持续恶化，这些人的毛发、耳朵、肤色等也会发生变化。听起来这与拉马克的进化假说不无相似之处。

《论动物》中的鳄鱼与小鸟

贾希兹在学术史上具有崇高地位,他的论述不断为此后的中世纪阿拉伯学者所引用,甚至对近代早期的欧洲学者也有影响。

如果我们拒绝把现代学说套用到古人论述,那么贾希兹是否还是"进化论之父",就需要打个问号了。新近有学者指出,贾希兹关于四足动物演化的说法,实际上来自宗教经典里上帝对人的惩罚——将他们转化成猿或猪,这种能够转化的特性并不涵盖所有动物。贾希兹本人并不认为猴子不能超越其界限进入人的范畴,这实际上秉持的仍是亚里士多德"存在巨链"的理念。总之,尽管贾希兹或许观察到了食物链以及环境对生物的作用,但说他在千年之前就提出进化论观点,实属夸大其词。

这么看来,在彻底调查贾希兹《论动物》这部书之前,他的"进化论之父"头衔远没到稳固的阶段。这提示我们,评论古人的科学成就时,一定要持谨慎和尊重历史事实的态度,打稳基础,才能不断把科学史研究推向深入。

## 西亚小国的机械大才
### ——加扎里

9世纪诗人贾希兹曾云："拜占庭人的脑筋,中国人的巧手和阿拉伯人的舌头。"当时的阿拉伯世界还在向创造时代迈进,对更东方和更西方的文明充满向往。伊斯兰黄金时代(相当于欧洲中世纪)不乏追求极致的科技"极客",而这些智士往往被罗致和服务于追求新奇知识的地方统治者。加扎里(Ismāil al-Jazarī,活跃于12世纪后期到13世纪初)就是这些科技怪才中的杰出代表。

**小邦大匠**

加扎里出身于工匠世家,他的阿拉伯语全名很长,其中包括类似于"技术大神""史上最强"这样的荣誉称号，显示出他在当时的备受推崇。他的生平信息流传下来得不多，根据他的名字，我们可以推测他来自加扎拉，这是美索不达米亚中北部地区（包括今伊拉克北部、叙利亚东部和土耳其东南部等地方）在中世纪的称谓。他的具体出生地点则可能是在贾兹拉（今土耳其吉兹雷），据说是诺亚方舟停靠过的地方。

自幼接受的工匠训练，让加扎里熏陶于源远流长的阿拉伯机械设计传统之中，而且从他的著作中可以看到，他充分掌握了巴努·穆萨等先贤的成果。成人后，他继承父亲衣钵，来到家乡附近一个叫作阿尔图克的小朝廷担任宫廷机械师。他在这里服务了30年之久，设计制作了许多带有自动装置的水钟、喷泉和其他机械。史料中对与加扎里同时期的几位统治者的描述很少，所以我们不了解他们的性情爱好给加扎里的工作提供了哪些机会。在去世前不久，加扎里完成了他的著作《论精妙的机械装置》，我们对他的了解基本来自这本书。

**设计大师**

中世纪伊斯兰世界的科技巨星往往是百科全书式学

者，涉足领域广泛，而加扎里只专注于发明和建造机械装置，甚至在著作中也很少论述机械原理。有人认为他主要通过试错法，而不是像阿基米德那样用演绎推理的方式来制作精巧的机器。

在《论精妙的机械装置》中，加扎里展示了50种机械装置的制造方法，其中包括水钟、分配液体的自动装置、喷泉和音乐装置、提水机械等。书中还为每一种机械绘制了精美的成品图。对于这些美轮美奂的样品，加扎里没有留下谜题，而是展现出十二分的诚意，

加扎里设计的液压时钟

从最初的零件如何制备，到零件之间的位置关系，再到如何组装，都尽量用浅显和清晰的语言解释出来。可以说，只要具备一定理解能力和动手能力，就能把这些装置复

原出来。

加扎里服务于宫廷,但他也注意倾听实际的需求。他既设计供王公贵族赏玩的受程序控制的机器人,又制作兼顾天文观测和公众使用的钟表。他往往把精密的计算结果、精巧的机械结构、精美的造型艺术熔于一炉,从而

加扎里设计的孔雀水盆

留给人叹为观止的机械装置。

水钟是近代摆钟发明之前的主要计时工具,包括加扎里在内的许多古代工匠都对它展开过研究。加扎里设计的水钟不仅比前人准确,不少还很壮观。他设计的水钟的驱动方式可以分两类:第一种以量筒内浮标的沉浮来牵动表盘运动;第二种用一个小斗盛注入的水流,水满后小斗倾覆,推动棘轮转动。这些水钟除指针外,还经常以小鸟鸣叫、乐队演奏、小球撞击等多种方式来显示时

间。这种"多媒体"在古代无疑很吸引大家的眼球。

另一种加扎里关注的机械,是提水装置。对于多处于干旱地带的阿拉伯地区来说,该技术的进步与社会发展息息相关,加扎里在已有技术基础上做出许多改进。在他之前,人们一般用牲畜转动环形水轮,让水轮上固定的水桶提水。加扎里一方面改进了连杆系统,利用起原本不足以推动水轮的水流,从而节省畜力;另一方面用挂着水桶的链条取代水轮,来适应从深井中提水的需要。此外,他还通过椭圆形齿轮形成的往返运动,设计了一种活塞式水泵,把以往用桶向上提水的方式,改进成用活塞向上压水。在加扎里之前,古希腊工程师亚历山大的希罗以及中国的冶金工匠,都用活塞来抽水或鼓风,但都需要人直接施力。加扎里的椭圆形齿轮和气门的设计,使得活塞可以在水流的作用下自动运行,这是他在机械史上的一个创举,其中一些设计元素可能给达·芬奇等文艺复兴大师带来启发。

加扎里还设计过许多自动装置。如为了给皇家宴会助兴,他在宫苑里的湖上放了一条小船,船上装有内部设有机关的"音乐家"。在机关作用下,这些"音乐家"不但能吹奏乐器,还能以不同节奏打鼓。

西亚·北非篇

**丝路影响**

尽管坦诚的加扎里把他的设计思路和盘托出,但遗憾的是,我们不曾看到他亲手设计或制作的机械实物。或许未来对他长期工作的阿尔图克宫殿遗址的发掘,能让我们有机会一睹大师的手笔。

从1961年起,土耳其考古学者开始对阿尔图克宫殿遗址进行发掘,可惜的是,发掘出的王家花园和土耳其浴室等建筑都未得到很好的保护。加扎里自述曾依照小亚细亚东部地区的建筑传统,为这座宫殿的大门设计了精美的门环,但是这个门环也丢失了。根据加扎里书里的说法,阿尔图克宫殿的门环由双龙、狮子和蛇的形象组成,随着门的开合,这些动物形象会呈现出各种有趣的互动关系。从宫殿附近的古清真寺保存

加扎里设计的酒杯

的与之外观相近的门环，可以大致了解加扎里所说的各种动物的模样，但无法窥得其在机械上的巧妙构思的原貌。令人稍有安慰的是，这座宫殿的主体还埋藏于地下，我们期待在未来更完善的发掘中能找到加扎里设计的其他精巧装置。

吉兹雷清真寺所保存的与加扎里的设计相近的门环

加扎里设计的机械装置，是中世纪阿拉伯世界机械设计传统脉络的一部分，这条脉络的形成和流传，与阿拉伯统治者对富有娱乐功能的机械装置充满兴趣关系很大。我国古代对这类"奇器"多持批评态度，认为它们无

益于教化。但据史料记载,元朝的末代皇帝元顺帝,在其宫殿中建造过一艘带有龙图案的游船,这条船上有 24 名扮作水手等角色的机械人物,在行进时,机械人物、龙的头眼口爪都可以运动。在加扎里的书里,也描述过他设计的一条类似的船,船上有用机械操纵的国王、宠臣、音乐家、舵

加扎里设计的象钟

手和划桨水手,船的桨叶可以摆动。元朝时期,有许多科学家、工程师通过丝绸之路来到中国,服务于大汗宫廷。或许是加扎里的设计,为元顺帝建游船提供了灵感。

除少数发明外,大多数加扎里的机械装置都没有对后世产生直接影响。实际上,他很大程度上被埋没了。随着过去几十年里科技史家对阿拉伯语文献的发掘,加

扎里设计的作品如今已经成为许多科技博物馆里受人欢迎的展品,甚至还有不少作品被制成乐高玩具。加扎里对如何实现他的设计讲解得非常细致,相信在读他的书时,不少读者也会跃跃欲试。这或许正是引发进一步创新的源泉。

加扎里设计的烛钟

## 中世纪经济学的先驱
### ——迪马士基

谈起中世纪丝绸之路上的贸易往来,许多人脑海中都会浮现出阿拉伯人做生意的场景,甚至在金庸先生的小说里,都不乏像尹克西这样浑身珠光宝气的西亚商人形象。然而中世纪的阿拉伯人是怎样看待商业等经济活动,对其中内含的科学规律又有什么样的论述呢?如果说,中世纪阿拉伯学者们的经济理论,甚至对美国总统大选都产生过影响,是否会使您感到惊讶?其实在近代西方经济学发展的厚重积累下,中世纪阿拉伯学者的灼见已被完全掩盖了。但如果从知识的海底重新把这些宝藏打捞出来,就会发现它们闪烁的熠熠金光,仍然会让我们在惊奇之余心生敬仰。这里,我们就来关注一位活跃在 12 世纪的商学大师迪马士基(al-Dimashqi)。

**隐市高人**

古语有云:"小隐隐陵薮,大隐隐朝市。"在喧嚣的朝堂和市集中,往往能找到排除嘈杂干扰、自得其乐的贤才。这些不求闻达的贤才,其个人生平或许早已湮没,但其智慧遗惠后人。迪马士基就是这样一位隐居于市集的宗师级人物。

他的名字显示他来自叙利亚古城大马士革,这里几

19 世纪的贝鲁特城市

西亚·北非篇

1909年的黎波里(今利比亚首都)城墙外的市场

千年来一直是连接地中海地区和两河流域的贸易要冲，拥有十分深厚的商业积淀。在迪马士基活跃的 12 世纪，这里曾经让著名的旅行家伊本·祖拜尔惊叹："如果地上能找到天堂，大马士革无疑就是其中一个。"从迪马士基的全名，我们还可以知道他的父亲名叫阿里，儿子名叫法德勒。从他的著作里，我们可以看到他对地中海沿岸的黎波里一带的各个市场都了如指掌，对经商活动和相关法律规定十分谙熟，因此他的著作很可能源于毕生商业活动的积累。

大马士革的骡马市场（1881—1884 年）

这部长年淬炼打磨得如宝石般的著作,就是《商业美德指南》。在这部被认为完成于不晚于 1175 年的书里,迪马士基仿佛一名老练而睿智的长者,谆谆告诫初入商道的后辈,给他们介绍有关行商的道理、获取财富的门径,甚至教他们如何避免踩坑。当然,对于一些心浮气躁的年轻人来说,也许一些弯路或教训仍然是无法避免的。

**商业指南**

那么,这部《商业美德指南》里面都有什么内容呢?它绝非一部现在常见的心灵鸡汤式的畅销书,而是一部商科教材。即使它成书于八百多年前,但里面的一些见解仍然令我们叹服得五体投地。

迪马士基是以讨论财富的性质以及它对人们具有何种意义开篇的,他歌颂了财富给人带来的富足生活,而这是通过不同形式的货币来衡量的。对于最重要的货币,金和银,迪马士基给出了检验其质量的手段。随后他告诉人们,要保护好自己的财产,一定要在防火、防盗、防骗等方面下足功夫。怎么辨别商品真假优劣呢?迪马士基说,想做好生意,不了解各类商品的平均价格是不行的,而知道其价格后,就要一方面全面搜集信息,知道商品在

19世纪的贝鲁特湾

各地的供需关系,侦察价格产生的波动;另一方面要练就一双慧眼,把不同档次的商品和价格的对应关系了解得清清楚楚。为此,商人们最好准备一份清单,把这些信息详细列举出来。

于是,迪马士基开始详细介绍从珍奇稀罕的宝石、香料、普通货物、名贵的丝绸和纺织品、铜铁金属,到谷物等各类商品的品种、产地、等级及明确报价等信息。迪马士基接下来又分门别类讲述了几种财富:田产土地,包括马、牛、骆驼等力畜和山羊、绵羊等小型家畜在内的"不会说话的财产"及"会说话的财产"——奴隶。

13世纪也门的奴隶市场

总有人生来运气就好,迪马士基并不否认这点,但他更强调人们完全可以通过工作来取得财富,比如学门手艺做一名工匠,或让自己成为充满智慧的脑力劳动者。商人也有自己的手艺,那就是买卖的技巧,在这方面迪马士基可谓商品价格波动中逐浪弄潮的高手。对于已经枝繁叶茂的成功人士,迪马士基则告诫他们不要纵容自己的欲望,而应采用适当方式来让财富保值,并对意外支出有所预防。尤其忌讳的是违法行为，因为罪孽会摧毁财富，学识渊博的迪马士基引用大量贤人的金句论证了这一点。

尽管迪马士基的著作篇幅不大，但从这本书里可以看出，运用知识的一切技巧都要以良好的自我管理为基础，这进一步构成了稳定家庭和社会的基础。

**经纶济世**

用现代话讲，迪马士基对价格理论给出了精辟阐述。他不赞同定价权取决于行政命令甚至神谕，而认为价格具有周期性。在供需平衡的情况下，商人可以搜集信息，在价格存在落差的不同地区之间贩卖商品，但"供需平衡带不来暴富"。迪马士基认为当供需开始失衡时，有经验的商人会闻到价格波动的气味——赚大钱的机会来了。但这时商人也不能被小道消息迷惑，让妄念冲昏头脑，而一定要谨慎耐心、有节奏地建立自己的储备，静待价格飞涨时刻的到来。其对虚实消息的处理，甚至有点类似兵法，这足以让读者体会到"商场如战场"。对价格理论和交易策略的详细记载，展现出迪马士基对价值投资和价格投机都具有很深的了解。

迪马士基把商业技巧约束于社会美德之下，这在中世纪的西亚世界中是普遍存在的。11世纪，伊朗一带的王公兼学者基卡乌斯就在其著作中讨论了财富的性质、置业过程中的选择及具体商业谈判技巧等与迪马士基著作相似的内容。而13—14世纪，迪马士基的小同乡泰米亚则进一步讨论了供需决定价格波动的规律。但泰米亚认为并不能总听命于市场自发调节这"看不见的手"，而是需要遵从国家和社会的需要。比如在饥荒年月，极度短缺的粮食让价格飞涨，这时国家必须对粮食价格进行强制管理。

这些渐进式发展最终在14世纪后期在阿拉伯学术巨星伊本·赫勒敦的《历史纲要》中集大成式地展现出来。他讨论了经济中的增值过程，即通过加工将精湛的工艺转化为价值附着在原材料之上。此外，他还对劳动、税收、稀缺性和经济增长的分工理论进行了早期讨论。尽管道德破坏容易导致贫穷，但政府对贫穷不能置之不理，而应当加大扶贫投资，从外部影响刺激这一地区的发展。

伊本·赫勒敦重视社会福利的观点，使他在500年后得到美国总统——里根的青睐。后者在竞选活动中宣传

1575 年欧洲人绘制的大马士革地图

应降低商品和服务的生产障碍,加大社会福利,并在报告中援引了伊本·赫勒敦的观点。尽管这种供给面学派不受当代经济界主流学者的支持,却帮助里根在竞选中获胜。

## 掌管丝路上另一类涌流的人
### ——马赞德拉尼

如果问起有什么事物在漫漫丝绸之路上流动，你的脑海中肯定会浮现骆驼商队缓慢而坚定前行的踪影。骆驼商队背负的是什么呢？是商品。商品又换来什么呢？对了，除了另外一些商品，还有驱使人们甘愿长途跋涉冒险远行的巨大动力——财富。商品的流动激发财富的流动，而如何深刻、全面、灵活地掌管这深入丝绸之路各个角落的"水流"，就需要更先进的会计法则。这种会计法则在中世纪早期萌芽，到 11—12 世纪在丝绸之路多个地方得到初步发展，并最先在意大利演变到新的阶段。由马赞德拉尼( al-Mazandarani，活跃于 14 世纪)写于 14 世纪中叶的《费利克报告》(Resale-i Felekiyye)，为我们提供了会计学在西亚的发展情况。

### 账不厌细

对于以向农民和各类手工业者征收税赋，来供给王室、官员、军队以及各种公共事务开销的封闭国家而言，财政人员大多只需尽可能掌握"出"和"入"的准确数字，并简要标注出入缘由即可。但到了商业越来越繁荣的时代，商人对社会经济产生了更大影响，他们发现，这样简单的账簿已经无法满足需求。

古亚述卡内什遗址出土的楔形文字商队记账泥板

自古以来，人们就把财富譬喻为浸润经济活动各个环节的水流，因而有"流水账"等说法。对于商人而言，能够把资金灵活调动，避免因货物积压而停滞，更是经营的重中之重。中国春秋末期的范蠡、11世纪阿拉伯商业理论家迪马士基等学者，均对此作出过精辟的论断。渐渐地，商人们发现账簿不能只有简单的汇总出入盈余那一套。在采购、存储和运输、卖出货物获取金钱的过程中，商人不但需要知道是否赚钱、赚了多少钱，也要了解账上的流动资金情况、存货的增减情况、货物在存放时是否

一名手持账簿的印度会计

折旧、它们现在有多少价值等反映实时状态的诸多信息。商人们把这些信息以一定格式分别记录下来，并将其彼此参照核对，逐步使原本仅简单罗列的单式记账法演化成更加全面科学的复式记账法。这种记账法加速了资本主义的诞生和发展，从而被称颂为可以与欧几里得、伽利略和牛顿提出的理论并称的伟大创造。

对于复式记账法的起源，学界有不同观点。在谈论严格定义的复式记账法时，一部分学者认为它起源于意

大利。佛罗伦萨13世纪末商人马努奇留下的账簿，被认为是复式记账法年代最早的应用实例。另外一批试图追溯复式记账法萌芽的学者，则把它与中世纪初期精于计算的犹太人联系起来。犹太人的经商足迹几乎遍及整条丝绸之路，特别是从欧洲到印度的西段。鉴于账簿的保密性以及已有传统的惯性作用，复式记账法最初显然只能相当缓慢地向当地商人渗透，但随着贸易接触和合伙行为愈加频繁地出现，这一渗透过程逐渐加速。然而各地记账法始终保留着区域特色，所以复式记账法的演进或早或晚，并不同步。因资料较少，意大利的复式记账法是不是受到其他地区的启发而出现的，目前还没有定论。

**财在西亚**

战争与冲突无法阻挡商人赚钱的热忱。来自热那亚、威尼斯、比萨等地的商人们，哪怕是在热战之中，也甘愿穿越火线，竭力把来自东方的香料和宝石带回欧洲。13世纪，他们在黑海等地设置商站，最后发展成倚仗海战优势而立的堡垒，成为欧亚交通中不可忽视的一股势力。

欧洲商人对伊斯兰地区惯用的账簿并不陌生，实际上他们与此类账簿打了千年之久的交道。伊斯兰账簿是什么样的呢？从马赞德拉尼的《费利克报告》中，我们对它有了详细的了解。

关于马赞德拉尼的生平，我们几乎一无所知。从他的名字可以推测他来自里海南部的马赞德兰地区，他曾在伊利汗国的财政部门担任高级职务，而这本书则是他为一名叫作费利克的高官撰写的报告。在书中，马赞德拉尼盛赞了"比其他科学更尊贵、更伟大的"会计学对国家的重要性："如果不运用会计原则，国家需求和行政工作就无法付诸实施……一个不规范、不完整的账目会在相当程度上阻碍国家事务的发展。"

1343年意大利锡耶纳的账簿封面（封面人物从左至右分别是财政大臣、书记员和包税商）

14 世纪初，印有蒙古人图案的圆形丝绸

马赞德拉尼的著作并非伊利汗国的第一部会计学专著，实际上在 13—14 世纪之交合赞汗在位期间，为去除行政机构中的腐败和低效状况，伊利汗国进行过一次经济改革。作为这次改革的重点，财政方面的举措包括禁止随意潦草地记账、创建稳定的钱币兑换比例、确定财政年度、在各省建立会计和审计制度等，这些政策中有借鉴中国制度的痕迹。

此次改革催生了几部会计学著作。这些著作对已有的会计方法进行了解释和补充,其中一个重要的方面在于传承了阿拉伯会计学里的阶梯式记账法。

阶梯式记账法源于阿拉伯帝国阿拔斯王朝,在 8 世纪就已出现。1258 年,成吉思汗的孙子旭烈兀率领的蒙古军队攻陷阿拔斯王朝首都巴格达,把帝国的财政专家们迁徙到新成立的伊利汗国的首都大不里士,并沿用了阶梯式记账法。《费利克报告》最早对这种记账法进行了系统介绍。通过它的描述,我们可以知道这种记账方式以降序形式记录金额,即把总额放到最上方,然后下面是各个单项。每个条目中首个词的最后一个字母的最后一笔,会从右到左贯穿整行,来区隔不同条目。

**伊利汗国时期的珠宝**

整个账目从上往下会出现多条长横线,犹如阶梯一般。阶梯式记账法清晰整齐,可以避免各项条目之间的重复,是一种方便统治者财政管理的记账法。

《费利克报告》展示的另一项阿拉伯会计学的特征是对西亚卡特(Siyakat)字符的使用。这是一种脱胎于阿拉伯语字母的会计专用字符。这种字符只有经过特定训练后才能熟练掌握,为会计行业添置了专业门槛,同时便于不同地区的会计的交流,直至今日,从巴尔干半岛到印度的广大地域内,仍能看到一些与西亚卡特字符相似的遗迹。

该书后续章节主要分两部分,一部分是对行政体系中用到的诸如日记账、总账、支出账、流转和应收账、各地区明细账、年度决算账以及税务登记册等会计制度的介绍和案例,另一部分是对记录营造、造币、国库、仓库、畜群、磨坊和厩棚等设施物资收支类的账簿的介绍。每种账簿都有一定格式。从具体格式来看,这些账簿具有一定的参照意义,但未能很好地显示经济活动的实时状况。因此这还不算是真正意义的复式账簿。

《费利克报告》系统记载了流传数百年之久的记账方式,其内容在后来崛起的奥斯曼帝国得到进一步改进。

## 中国又如何

根据史料记载，元朝财会制度大多继承的是中原传统，但在元朝中枢机构中不少事务是用波斯语沟通和记录的。忽必烈在位的 1287 年，有官员曾反映懂得"亦思替非文字"的人，请求设置官学以免断绝。此建议得到忽必烈的同意。有学者认为这里的"亦思替非"是波斯语 istafa 的音译，后者有"财产税务的核算与管理"之意，由此可见在元朝宫廷中有来自西亚的财务人员，他们传承的可能就是阶梯式记账法和西亚卡特字符等会计技能。

元朝灭亡后，与西亚上层的直接交流逐渐停滞，财会工作的域外影响逐渐消失。而随着明朝中后期商业活动的繁荣，在 17 世纪初，在中国四柱结算法的基础上，山西商人发明了符合复式记账法特征的"龙门账"，从而促进了明清的商业发展。

通过比较，我们可以发现，从中国、西亚到欧洲，跨区域间的商业往来一直持续着。东方的货币制度、税法、信用凭证等都对欧洲产生了影响，但记账法的发展与商业在整个社会经济体系的地位密切相关。在以商立国的意

古代丝绸之路科技群星录

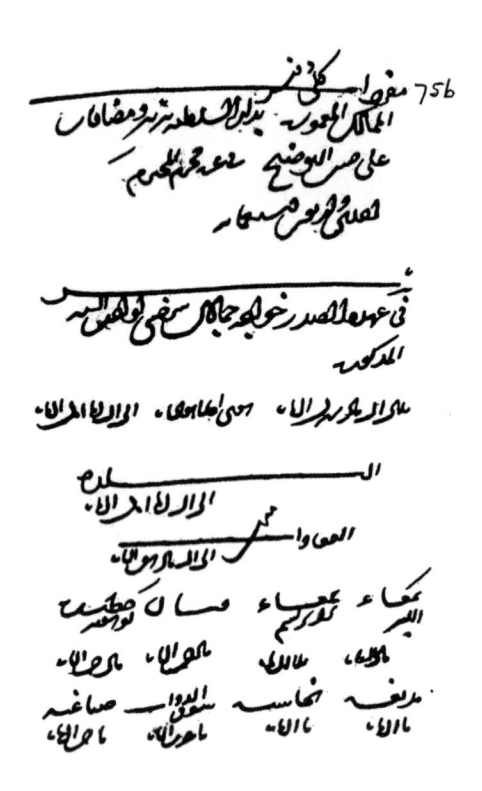

伊利汗国以阶梯法记录的各省收支明细账

大利城邦以及商业发达的明末，记账法都得到突破，就证明了这一点。

## 实验室工作的先驱
### ——拉齐

对于大多数现代人和不少头脑清醒的古人来说,点石成金的"炼金术"要么被视为痴人说梦的呓语,要么就是卷入诈骗漩涡的先兆。然而,许多科学史上的正面人物,例如牛顿、波义耳等,都曾痴迷于炼金术。这并不是要为炼金术"招魂",而是想说明这类活动一边倒式的狼藉评价是直到近代才逐渐出现的。从本质上讲,古代炼金术既有修补或替换贵金属的工艺属性,也有验证和探索古代元素理论的探索属性。不同动机塑造的各类炼金行为,经过漫长时间,在物质认识、提出问题、反应器具、操作过程等方面都积累了不少知识,从而为近代化学的诞生打下基础。换句话说，作为近代化学孕育成长的母体，炼金术在科技史上的意义不应被低估。一些炼金术家甚至被称颂为所在时代科技发展的先锋人物。本文所要介绍的这位学者，无论是认识层面，还是过程层面，都取得了非凡成果。他就是拉齐（al-Rāzī，约854或865—约925或935）。

拉齐画像

## 不倦问学

拉齐的正式职业是一名医生。从他的名字可以看出他来自现在伊朗首都德黑兰附近的古城雷伊（Ray）。这里以纺织品和陶器等特产闻名，甘洌的泉水吸引着来往于撒马尔罕和巴格达间的行人，使它成为贸易通道上一个繁荣的商业中心。来自中国、地中海沿岸、高加索地区、印度和阿拉伯半岛等地的各类商品云集于这里的八个集市。这使拉齐自早年就获得了广博的见识，也为他

20 世纪 30 年代的雷伊古城

后来繁多的著作提供了丰富的知识储备。

不过拉齐并非从一开始就投身于医学或炼金术，他是从学习音乐和哲学起步的，这意味着他的成长很可能遵从了当时流行的亚里士多德教育体系，因此自古希腊流传下来的学术理念成为他根深蒂固的思想底色。转行医学是他年近三旬的事情了，为此他付出极大的热忱，并长期保持孜孜不倦的学习习惯，以至于后人记载了他与中国"头悬梁"类似的轶事：夜读时拉齐会对墙站立，把书撑在墙上，书上放着油灯，如果睡意袭来，油灯便倾倒发出声响，这时拉齐会捡起油灯，抖擞精神继续攻读。

学有所成后，拉齐先后主持过雷伊和巴格达的医学机构。在那里他不只是一名擅长循序渐进教学方式的好老师，还获得了对贫苦患者悲悯慷慨以待的美誉。在繁重的治疗和教学工作之余，他勤于著述。他的朋友描述道，每次去拜访拉齐时，他都在不停地撰写初稿或誊写修改稿。拉齐还有一个故事与中国有关。据说拉齐接待过一名中国来访者，这位中国人渴望学到尽可能多的医学知识，但他启程离开的日期已经临近。拉齐起初不太相信他能在短时间内掌握那么多著作，但这位中国人展示了惊人的速记技巧，从而让他圆满达成了愿望。

不懈的求知和写作让拉齐留下了卷帙庞大的著述，各家记载他的著作数量不等，少的一百余部，多的二百多部。出现这样的差异是因为与当时其他大学者一样，拉齐的著作里既有数十卷的大部头论著，也有犀利精悍的短篇。他的著作绝非对前人亦步亦趋的撮抄，而是充满

西方画作中"拉齐提取病人尿液"的场景

了质疑精神。他勇于向亚里士多德、盖伦等先贤大哲挑战,这符合当时阿拉伯科技正处于黄金时期的时代特色。

## 慎思明辨

在拉齐所有著作中,医书大约占一半。在这个领域,他的成就堪称彪炳史册,甚至被认为是阿拉伯医学之祖以及中世纪最伟大的医学家之一。他的《医学全书》是在毕生行医记录的基础上总结而成的,后来被多次翻译成拉丁语,影响非常广泛。在此书中,拉齐展现出简化配方、注重观察和试验、尝试心理疗法等鲜明医疗特点。这些特点也贯穿了其他著作,例如他在一本为旅行者等不

《医学全书》书影

便就医者写的医书中记录了许多简便的治疗方案,在《天花与麻疹》中首次清晰地描述了这两种疾病的不同特征(当时对天花病人进行细致观察要冒着很高的被感染的风险)。在另一部书里,他指出当时被奉为权威的盖伦所持体液理论与实际观察并不符合。这超出了当时普通医家墨守成规的认识,再加上拉齐对贾希兹、肯迪等学术大腕也多有批评,给他招来很多同行的诋毁。然而,拉齐认为如果盖伦在世,也会赞赏他从实际出发的立场。勇于修正自己的错误并不会遮掩一位伟大医家的光芒,相反,"吾爱吾师,吾更爱真理"才是自古以来应弘扬的治学精神。

在对脑膜炎、痛风和结石病等顽疾的治疗以及许多药物的使用上,拉齐都留下在那个时代称得上是相当高明的见解。这些成就大多是通过细致地观察和把条件加以变化后进行比较等手段取得的。拉齐的炼金术著作更加系统地展现了这些接近于现代实验的方法,也使得他成为一位利用实验室开展研究的先驱。

那不勒斯手稿中一名医生正在检查病人的尿液

## 实验先驱

对于是否需要无条件服从权威这件事上,我们应当赞同拉齐的观点。而在同样争议纷纭的拉齐热衷于炼金术一事上，我们就不能简单地用对错来进行评价。较拉齐稍晚的比鲁尼不无同情地评价道："我不认为拉齐是个骗子，但他却允许自己轻信他人，甘心上当受骗。"在炼金术的理念上，拉齐显然并没有贯彻他用实践检验理论的作风，而是自始至终坚持不同物质可以相互转化。不过，他还是以较为严格有素的操作准则，让自己成为一名较为实在的炼金家。

拉齐的炼金术实践比较集中地记载于《秘典》和《秘中秘》这两部书中。虽然书名看似吊人胃口，但其内容相当翔实直白，很少使用其他炼金家常用的隐语。《秘典》所记389个配方里，有许多内容都可以复原。这意味着此书可以相当实用地指导后世炼金家，而在学术规范并不严格的中世纪晚期，《秘典》成为很多炼金著作未注明的征引来源。

《秘典》的影响之所以能持续数百年，主要原因是拉齐的分析性思维，它让整部著作呈现出结构完整、前后一致、说明清晰而富有条理的组织性。根据书中散见的陈述及相关细节，可以看出拉齐认同炼金术的实践者需要具备相应的知识储备和操作技巧，需要足以摆放各类原料和仪器、分别开展不同操作程序的空间，需要源源不断的庞大资金的支持，需要炼金过程和结果在不同时间、地点和操作者皆可重复等基础条件。

仅有这些基础原则和条件还不够，为确保得到可重复的结果，还需要更加完善的实践程序。这些在书中三个主要部分，即对物质本原、仪器设备和具体实践的认识中得到分别阐发。对原料、设备和操作步骤，拉齐都尽可能细致彻底地给出明确说明。而在具体实践方面，《秘典》也在一定程度上符合明确、实用和安全等实验操作规范。他把各个操作步骤的细节条分缕析，规避其他炼金术家"反复蒸馏数百次"等模糊叙述，并提示可能发生的危险。拉齐主张把一些有毒操作放在沙漠无人处进行，且炼金家本人也应做好防护措施。在记载操作步骤时，

拉齐在他巴格达的实验室里

拉齐清晰地规定了操作时间和温度等环境条件以及标准化的计量单位。对于最终结果，拉齐也细致描述了所得物的颜色、气味、黏稠度、溶解度等可验证的状态。以上这些特点都展现了拉齐著作中符合科学规范的一面。

　　显然，拉齐尽力尝试建设一个可控的实验室环境。当然作为古人他有时代局限性，但从他的著作中，我们依然可以看到一个严谨细致的科学家形象。拉齐的著作对后世产生了深远影响，而他所倡导的规范操作也使他的著作成为近代实验室起源的一条线索。虽然炼金术在现代早已边缘化，但拉齐著作中倾向于科学的一面仍使他在科技史中熠熠生辉。

## 继承与创新并重的精密科学家
### ——塔比·伊本·库拉

3世纪之后,随着罗马帝国在地中海周边地区统治的日益巩固,这个不太重视看似"无用"的科学研究的政权使得绵延数百年的古希腊学术面临更多神秘主义和宗教信仰的挑战。但5世纪罗马帝国的崩溃,却又让学术研究处于更加动荡的政治局势之中。接下来的一两个世纪里,古希腊学术原有的根据地不断萎缩,古典时代辉煌的科技成就只有依靠向东方转移,继而在新的友好权力庇护下寻求保存和发展。所幸在不同文明的交会之地,涌现出一批杰出的翻译者,把包括科学论著在内的大量古希腊文献转化成通行的阿拉伯语等语言。到9世纪,在热衷支持学术的阿拔斯王朝获得稳定社会地位的科学家,终于可以再度结成庞大的学术圈,重新向科学高峰发起攀登。塔比·伊本·库拉(Thābit ibn Qurra, 826 或 836—901)就是这个从继承转向创新的时代里一个耀眼的人物。

**拜星信徒**

希腊罗马时代晚期,有不少科学知识流传到萨珊帝国(统治现在伊朗及周围的西亚地区)及小亚细亚地区的商业中心等地。在这些地方,古希腊科技成就用波斯语、

哈兰今貌

叙利亚语等保存下来。位于今土耳其和叙利亚边境的哈兰就是保存科学知识较为完好的地区之一。塔比·伊本·库拉就出生在这里。

苏美尔伊南娜神庙里的拱卫女神

哈兰是一座拥有约 4000 年历史的古城,现在仍以蜂巢式的拱形建筑为地理标志。在古典时代晚期,它一直处于罗马和萨珊两大不断交战的帝国的前线,统治权数次易手。这使得它反而能够抵御住罗马境内的基督化进程,保留这里独特的信仰——拜星教。拜星教又称欣教,从苏美尔、亚述等美索不达米亚神话中流传下来,崇拜月神欣(又称南娜)。月神及太阳、金星等神祇信仰,带来的是对以观察月相为代表的天象观测的重视。值得一提的是,月神欣的女儿伊南娜(又称娜娜女神),后来成为两河流域若干大城的守护神,又通过波斯人和粟特人甚至传入中国,成为古代丝绸之路文化交流的一个侧影。与宗教信仰一样,美索不达米亚北部和此前数百年逐渐传入的希腊科技知识都在这里流传不辍。

塔比·伊本·库拉家境良好,最初担任一名货币兑换员。在哈兰这种文化融合、政局变幻之地,兑换货币需要相当娴熟的计算技巧,同时也要和各个文化背景的人密切接触,因而可以充分锻炼语言能力。伊本·库拉对这个职业的胜任吸引了到访的穆罕默德·穆萨的注意。

在前文中,我们介绍过包括穆罕默德在内的巴努·穆萨三兄弟。他们不仅是阿拔斯王朝首都巴格达城知识圈里的执牛耳者,也是哈里发的御前红人。穆罕默德慧眼识出伊本·库拉的天赋和潜力,把他带回巴格达并让弟弟哈桑·穆萨来指导他。待伊本·库拉在数学、天文学和哲学等领域都学有所成后,穆萨兄弟又把他引荐给哈里发。这时的巴格达城汇集了来自各个文化背景、科技领域的英才，而伊本·库拉则是这个圈子里的佼佼者。作为一名非穆斯林，他一度成为哈里发的科学顾问。后来伊本·库拉的子孙继承了他在数学、天文学和医学等方面的事业，使这个来自哈兰的家族成为科学史上著名的学术世家。

**译研兼优**

伊本·库拉的学术活动可以大致划分为三个领域：译、研、教。其中对后世影响重大的是译和研，而这两个方面实际上是紧密相连的。他熟练掌握了当时最重要的几种学术语言：希腊语、叙利亚语和阿拉伯语，并将前两种语言存世的文献大量引入最后一种语言里。其中一些文献已经有了不够完善的译本，如当时欧几里得《几何原本》和托勒密的《天文学大成》已由胡奈因·伊本·依沙克翻译成阿拉伯语，但伊本·库拉将这些文献进行了修订，成为后世广泛传播的版本。通过翻译和对先前译本的审查，伊本·库拉意识到古代知识仍存在许多未解决的问题，值得他投入聪明才智予以解答。

伊本·库拉最关注的，也是投入精力翻译最多的领

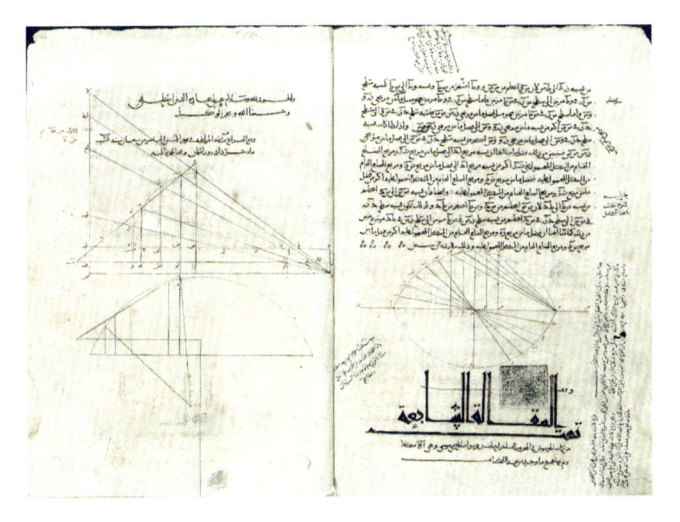

伊本·库拉翻译的《圆锥曲线》

域是数学。他翻译了阿波罗尼乌斯《圆锥曲线》的第5—7卷,阿基米德的《引理》和《论三角形》等,其中一些著作仅通过他的译本得以传世。这些译著以及伊本·库拉和巴努·穆萨撰写的著作,共同构成当时科学教育里位于学习欧几里得《几何原本》和托勒密《天文学大成》之间的"中级教材"。

## 后学基石

伊本·库拉最初的几本著作均用叙利亚语写成，后来大多数时候都用阿拉伯语撰写。这使得他的著作成为后世学者进一步攀登科学高峰的基石。

在数学领域，伊本·库拉原创地把毕达哥拉斯定理推广到所有三角形。他研究了数论里"相亲数"（即两个正整数，彼此全部正约数之和与另一方相等）的性质，此前毕达哥拉斯提出 220 和 284 是一对相亲数，而伊本·库拉通过证明一个相关定理得出 17296 和 18416 也是一对相亲数。他自由地在代数和几何两个领域穿梭，既可以用几何方法来证明此前"代数学之父"花剌子米提出的高次方程解法，又可以从代数视角来阐释几何学里量的比例关系。在圆锥曲线领域，利用一个天才般的步骤，伊本·库拉借助相当于无穷微积分的思想计算了抛物线面积和抛物体体积，尽管阿基米德在这个领域也作出过巨大贡献，但伊本·库拉在计算程序和计算对象方面都与他有所不同，显示出他工作的独创性。这个领域后来又由 11 世纪初的海什木进行更深入的研究。伊本·库拉还讨论了欧几里得的平行公设，这让他成为非欧几何正式提出前,在此领域作出未果探索的长长名单里的一员。

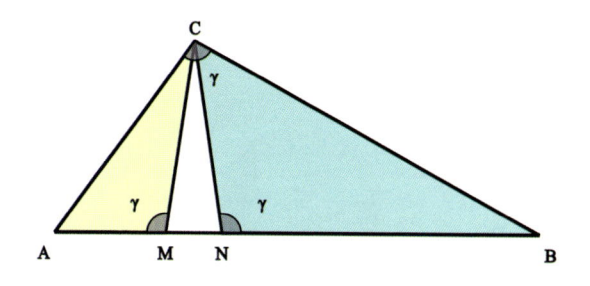

伊本·库拉的钝角定理示意图

在天文学方面,伊本·库拉和他的孙子易卜拉欣·本·希南重视用图形方法来计算逐点构造日晷所需的方位角和阴影长度。他们把所发现的各时间点曲率,逐点绘制在水平刻度盘上。易卜拉欣对此所作证明与700多年后的数学家克拉维乌斯相同。伊本·库拉改进了昼夜平分点的进动数值,即把托勒密和喜帕恰斯的每100年1°(或每年36″)精确为每66年1°(或每年55″)。这个数值后来经13世纪的纳西尔丁·图西进一步精确后,与现代数值每72年1°已经十分接近。伊本·库拉第一个注意到太阳的远地点和黄道十二宫以同样的方向移动。这项工作后来由10—11世纪之交的比鲁尼提出准确的定义,并由11世纪的扎尔卡里给出精确的移动数值。

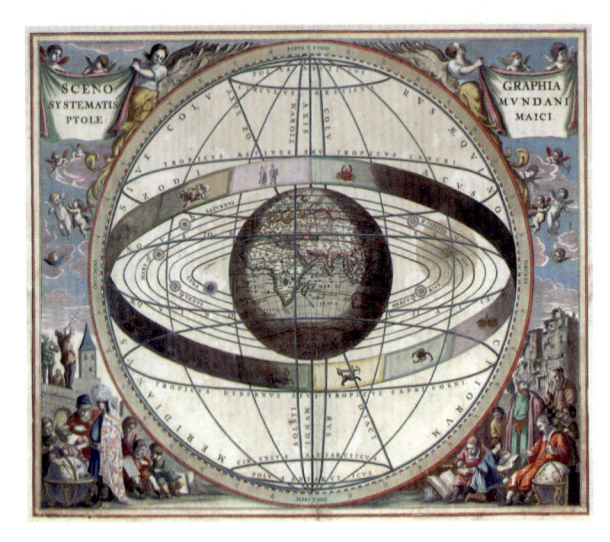

以地球为中心显示黄道带和太阳系迹象的图表

伊本·库拉还在力学和光学等物理学领域提出过一些观点。如他讨论过不同种类杠杆的平衡条件,尝试对光学暗室现象作出解释,钻研过音乐中的声学问题。这些领域并非他的专长,但还是在一个多世纪后在比鲁尼、海什木那里得到了回响,从而推动相关问题的深入研究。

很显然,在8—9世纪阿拉伯世界对古希腊科学翻译的浪潮之中,塔比·伊本·库拉是真正能在各个领域与欧几里得、阿基米德、托勒密等古典时代大科学家进行对

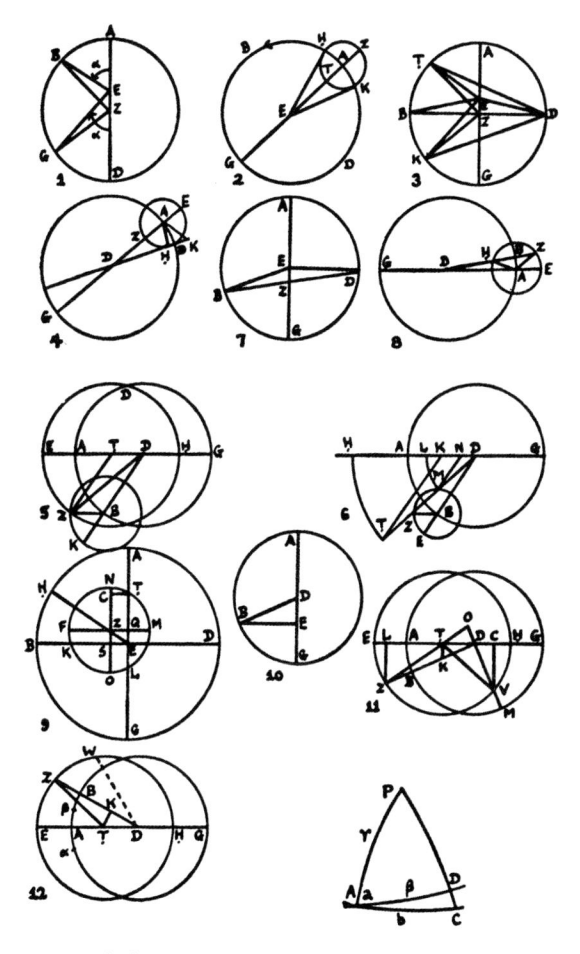

伊本·库拉《论太阳年》（英译本）中的插图

话,并继续有所发展的杰出人物。他的工作也给后世其他阿拉伯科学家带来诸多启发,为这些领域带来更加长足的发展。正如法国科学史家拉沙德所评价的:"塔比·伊本·库拉远远超过一名创新者:他是一项传统的开辟者。"通过他多方面打下的基础,阿拉伯数学、天文学等领域在一个世纪后迎来了创造性的顶峰。

## 安达卢西亚的农学家
## ——阿瓦姆

塞维利亚是西班牙南部安达卢西亚自治区的首府,如果你有机会去那里旅行,一定会被它不同文化元素相融合的建筑风格所吸引——这里有世界上最大的哥特式教堂,美洲的发现者哥伦布就长眠于此,但它的前身是一座清真寺;这里的皇宫被列入世界文化遗产,其外观洋溢着阿拉伯风情,走进内部却完全是欧洲式样。从公元712年开始,到1248年被包围攻克为止,塞维利亚是伊比利亚半岛上阿拉伯文化(这里的穆斯林又称"摩尔人")的中心之一,12—13世纪它甚至还两度成为穆瓦希德王朝的首都。

虽然伊比利亚半岛在中世纪处于伊斯兰世界的西部边缘，闪耀的科技群星比西亚地区要略显逊色，但由于它与拉丁世界毗邻，因此在后世记载中这些人类史上的灿烂星辰反而更亮一些，其中一个不能忽略的名字就是留下中世纪部头最大农书的伊本·阿瓦姆（Ibn al-'Awwām，活跃于 12 世纪末）。

格拉纳达圣赫罗尼莫教堂天花板细节图

塞维利亚宫殿里的阿拉伯风格纹样

西亚·北非篇

**绿色革命**

目前,我们很难得知阿瓦姆的生平信息,他个人的所作所为仅能从其著作《农书》里寻觅到点滴踪迹。他有可能是塞维利亚的一位大地主。阿瓦姆痴迷于研究,并热衷于把理论和实践相结合。他在书中经常谈论试种红花等作物,把诸如驯化野橄榄树和橄榄树嫁接等农学知识付诸实践所取得的良好结果。

阿瓦姆在著作中广泛征引前代农书,这些农书有可能是他本人积极搜集的。因为作为文化中心,塞维利亚有许多书店和抄写员,可以把来自遥远地方的著作汇集于此。当然它们也可能是阿瓦姆先辈们的收藏,也就是说在此前几十年中,他的父辈们就致力于农学知识的搜集和农业技术改进事业了。

出现阿瓦姆这样的学者并不奇怪。农学研究可以称得上是当时摩尔王朝的一门显学,一方面得益于伊斯兰教为农业生产打造了完善的制度基础,另一方面这也是伴随着伊斯兰教发展出现的知识扩散和移植的结果。

在古典时代,伊比利亚半岛曾是罗马帝国的一部分。罗马帝国瓦解后,这里的农业知识失去传承,经济生产大幅倒退。直到建立摩尔王朝后，局势相对稳定，之前流离失所的农民逐渐回到土地。发迹于沙漠干旱地区的阿拉伯人珍视绿色植物，主张有必要保护和种植更多树木。所以无论是在皇室还是家庭住宅的花园里，深厚的园艺修养成为人们重视的教养之一。道路两边的丛林，它们的树阴可为行人遮阳，能保护低矮的较脆弱的植物，从而营造了良好的生态。种类繁多的植物除供人赏玩外，还是药物和香料的来源。像月桂、黑莓、榆树、石榴等，都被记载了观赏、杀虫、制药、制器等多种用途。

安达卢西亚的阿尔考德特城堡

摩尔王朝给穆斯林制定的税率很低,即便是异教徒,也只需缴纳十分之一的收入。按照教法规定,开垦处女地或三年以上未耕种的荒地的人,可获得这块土地及投资兴建的水利设施的所有权。地主可以用收取一定比例地租的方式雇佣佃农。这种宽松的经济政策不仅刺激着耕地面积的扩张,也推动着人们改善耕作方式提高产量。

在干旱地区从事农业生产,水是最重要的因素。当时的阿拉伯设计了一套复杂的水量分配体系。根据每户居民需求,在水渠上建造有许多门的水坝来分水,或用沙漏等工具提示用水时间。水越稀缺,所有权越分散,水的分配方式就越细致繁复。这些节水措施被从阿拉伯地区引入安达卢西亚,与新兴建的灌溉设施相结合,促进了农业的集约化发展。

此外,新农具的发明以及高粱等作物、西瓜等果蔬、甘蔗等糖料作物、棉花等纤维作物这些新物种的传播,也是助推农业发展的重要因素。制度和知识的转移和扩散,使得摩尔王朝的生产力比之前时代大幅发展,并远超同时期的阿拉伯世界。这被称作中世纪阿拉伯农业的"绿色革命"。

由上可知,阿瓦姆及其著作是他本人学术兴趣和时代要求双重影响下的产物。

**农学宝典**

安达卢西亚位于伊斯兰教与基督教相接的边缘地带,这使得阿瓦姆不但熟悉《纳巴泰人的农业》这类在伊斯兰世界中广泛流传的农业著作,也有机会接触到维吉尔、老普林尼等作家对农业的论述,而这些著作在伊斯兰世界东部并不常见。这意味着阿瓦姆的著作汲取了更加广泛的原始资料。

《农书》可视为先前来自拜占庭、西亚和安达卢西亚当地的 112 名作者的著作所载知识和阿瓦姆个人实践心得的总汇,引文共计 1900 余条。他的编纂方法并不复杂,大部分是把各部书里的同类知识抄录到一起,如果这些知识可划分到多个类别中,还会重复抄录。这并不是阿瓦姆本人的疏忽,而是他为了表明知识的相似性而有意为之。

这本书共有 34 章,可以划分为两大部分。第一部分包括前 16 章,主要内容为总论土地的性质与肥料、水的关系,果园的布局,树木的种植、嫁接、修剪和灌溉,果实的贮存与加工。第二部分从第 17 章到最后,涉及谷物耕种,各类蔬菜、芳香植物和观赏植物的栽培与利用,家庭手工产品的制作及家畜、家禽、蜜蜂的养殖。在这些章节中有许多内容值得我们注意,以下略举数例。

阿瓦姆详细记录了有机肥的种类。可供循环利用的物质包括人与动物的粪便以及植物的各个部分。通过堆肥,完全腐熟的物质既可以为

西班牙语版《农书》封面(1802年)

作物补充养分,又可以用来改良土壤。堆积有机肥的知识在各类农业文化中都得到过利用,与中国人一样,摩尔人也不放过包括杂草、灰烬、泔水等任何可利用的原料。

种树也是阿瓦姆非常关注的一个方面。他论述了播种、扦插、分株、压条等各类繁殖手段。阿瓦姆对树木分类秉持实用态度,即按照是否结果划分成两类。其中较重要的树木有橄榄树、甘蔗、桑树、玫瑰、葡萄等。由于教

义限制,阿瓦姆并没有记载如何酿造葡萄酒。在第 30 章里,出于制作玫瑰香水和樟脑精油的需要,阿瓦姆详细记载了蒸馏所需器具的组成、安装、加热和其他操作步骤。

除种植和畜牧等农业实践外,阿瓦姆认为如果不对农业历法有所记述,整本书就是残缺不全的。通常使用的伊斯兰历法是按月亮晦朔周期制定的阴历,当时月亮变化也被认为会对植物和动物生长产生巨大影响。但对于农业实践来说,更重要的历法是揭示一年冷热变化的阳历。因此与中国类似,伊斯兰世界的农民也使用具有拉丁、叙利亚和波斯多个源头的阴阳合历,例如十二星座等。基于观测经验的风、雨、晴天等气象信息也在历法中得到展现,这些经验有助于农民预测未来一段时间有可能面临的天气变化。这与中国二十四节气多用气候现象命名的传统不无相似之处。

总之,阿瓦姆《农书》所记录的详细信息,对我们了解当时农业知识发展状况,特别是 12 世纪塞维利亚附近的气候和地理信息具有重要意义。同时它还以引文形式保存了一些早期农书。巨大的价值使该书成为最早被翻译成西方语言的阿拉伯农学著作之一,时至今日它仍然是帮助我们见证阿拉伯农业革命的最完整的巨著。

## 古埃及象形文字的最早破解者
### ——瓦哈什叶

众所周知,法国学者商博良对罗塞塔石碑上象形文字的破解,开启了现代人揭开古埃及文明神秘面纱的旅程。不过,通过重新打捞淹没在历史长河中的古代文献我们可以发现,图画般的古埃及文字的最早破解者却另有其人,除此之外,这个人写下的著作还让自古以商队贸易著称的奈伯特文明在中世纪保留下来。这名学者就是瓦哈什叶(Ibn Wahshiyya,活跃于9—10世纪之交)。

**西亚古国**

奈伯特人是在阿拉伯半岛西北部游牧的阿拉伯人的

一支，他们有可能在公元前 7 世纪从半岛西部向北迁移到现在的巴勒斯坦和约旦南部一带。在这片位于地中海、美索不达米亚和阿拉伯半岛之间的四通八达之地，奈伯特人很自然地在与周边文明的交往中成长。他们讲阿拉伯语，官方语言则是在新巴比伦王国和波斯帝国西部通行的阿拉姆语。公元前 4 世纪，埃及人与波斯人的冲突使得阿拉伯半岛南北向贸易的控制权出现了真空，这条贸易路线上最著名的商品就是产于索科特拉岛，被古代西亚和环地中海各民族在祭祀典礼中大量使用的乳香。

佩特拉古城的核心区域

借助从香料之路获取的大量财富,奈伯特人的实力开始壮大。他们很擅长在干旱缺水的环境中生存,这让他们在敌人来袭时可以躲藏到令人生畏的沙漠里去,从而在周边亚述人、波斯人、希腊人以及后来的罗马人建立的帝国此起彼伏、兴衰不定的夹缝中顽强地生存下来。奈伯特人自认为居于荒芜贫瘠的土地上,这片土地并不值得其他势力入侵,而他们也不想沦为奴隶。这种自我认知因死海一带发现沥青而发生了改变,这种矿藏有助于防腐,因而适用于制作木乃伊。在历史上第一次因石油产品(沥青)引发的战争中,奈伯特人依靠传统战术打败了希腊军队,维持了独立地位。

公元前3世纪早期,奈伯特人建立了自己的王国。据古希腊地理学家斯特拉波记载,奈伯特王国的国家治理卓有成效。在接下来的几个世纪里,这个王国安享着香料之路带来的红利,国家规模在公元前1世纪达到顶峰,其都城佩特拉的人口一度达到2万人,成为可以和埃及亚历山大里亚并称的重要城市。不过随着向贸易和定居农业转变,奈伯特人也逐渐放弃了游牧传统和好战意识,这让他们无法抵御日渐膨胀的罗马帝国,最终在2世纪初末代君主去世后被吞并为一个行省。

罗马人给佩特拉带来了剧场等宏伟的建筑,同时强势的拉丁语和希腊语也取代了当地的古老语言。由于在罗马统治下海上贸易路线发生改变,奈伯特逐渐失去市场,佩特拉的繁荣程度开始下降。4到6世纪频发的地震则使情况雪上加霜。此后这里的人们失去了几百年前在各大势力

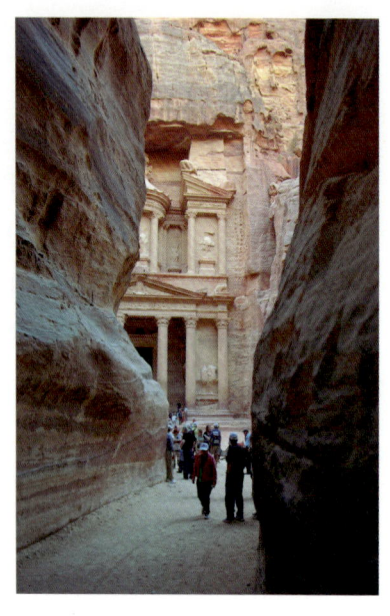

佩特拉古城卡兹尼神殿遗址

纷争中屹立不倒的底气,随着时间的推移,佩特拉等古城也逐渐化为引人凭吊的丘墟。

**农业遗迹**

以佩特拉为首的城市文化的繁荣,意味着奈伯特人在依靠贸易获得财富的同时,还必须从事农业来供养大

量人口。根据考古发现的遗迹和纸草书文献，我们可以获悉奈伯特人农业实践的细节。气候学家告诉我们，数千年来约旦南部一带干旱少雨的环境并没有太大改变。不过斯特拉波却说佩特拉"水源丰富，既可以满足生活，也足以浇灌园圃"。这是因为佩特拉附近存在流量充沛的天然泉水，这为转向定居的奈伯特人提供了从事农业生产的优良条件，他们也很快成长为水资源管理和水资源利用技术的专家。从考古遗址可以看出，他们修建了漫长的水渠把泉水引向沙漠深处，并通过建设梯田来合理规划土地。对此，斯特拉波称赞奈伯特人已经掌握了灌溉的技艺，从而使整个王国得以享受谷物和水果的丰收。

1970年的奈伯特式农业风貌

除泉水外，珍惜每一滴雨水也是奈伯特人所提倡的。佩特拉周边只在冬季有 100—200 毫米的降雨量，附近沙漠地区降雨量则更低。当地地表土质坚硬，吸水性差，冬季暴雨过后雨水很快就会流走。这就迫使奈伯特人投入很多精力收集和储蓄雨水，以待夏季使用。他们在河谷里筑起很多围墙、水坝和梯田来蓄水和拦截雨水冲刷下的泥沙，其中河谷被改造成 U 形梯田，以便让流下的雨水被引导到两侧河岸。他们从水量较丰富的上游挖掘水渠或埋设管道，让水流向位置较远的下游耕地。从纸草书文献中对水量分配的记载来看，奈伯特人在当时形成了行之有效的水资源管理制度，这使得他们的农耕经济得以在艰苦的环境条件下延续下来，甚至一度扩大规模。

对于奈伯特人的农业，除考古学家们提供的大量新发现外，文字记载主要来自文章开头提到的瓦哈什叶的著作。对于这位作者，我们只知道他深为自己作为奈伯特人后裔而自豪。他出生于今伊拉克库法，成年后在巴格达从事占星家工作。10 世纪末的文献学家纳迪姆记载他编著或翻译过的许多有关幻术、雕刻、祭祀、农业、占星术、物理学和医学等领域的著作，其中最著名的就是《奈伯特人的农业》一书。

《奈伯特人的农业》手稿

最初这部书多被认为是对众多巴比伦文献的编译，但现在学界更倾向认为该书的成书经历了几个阶段。首先是希腊和罗马时代，书稿内容来自奈伯特人所知的农业著述。这些文献大约于6世纪被翻译成叙利亚语，并添加了一些伊拉克北部地区的农业知识。其次到了9世纪，随着一些地方开始追忆先民创造的文化，一些著作被重新挖掘出来。瓦哈什叶就是奈伯特乡村文化复兴运动的积极参与者，他把叙利亚语农业著作翻译成阿拉伯语，同时又"夹带私货"，掺进更符合时代精神的个人观点，从而使《奈伯特人的农业》成为建构对美索不达米亚身份认同感的代表性作品。而书中所含内容，也从特指奈伯特文化,扩大到对从希腊—拉丁农学中分离出来并有所发展的美索不达米亚农学传统的记载。

**破译象形文字**

《奈伯特人的农业》记录了许多希腊—罗马时代农业生产中气候、环境、作物种类、种植技术、灌溉技术等方面的信息,这对当时逐渐开始重视农业生产的阿拉伯帝国贡献很大,并成为中世纪阿拉伯农业革命的开端。在这场农业革命中,许多种类的作物和它们的种植知识被传播到欧亚大陆的各个角落。因此,瓦哈什叶同时兼具复古者和创新者双重身份。

不过,为后人所津津乐道的还不是农业知识,而是瓦哈什叶对古代文字的识读。除奈伯特文化外,他也特别迷恋古埃及文化,热衷于幻术和炼金术,而这些学问往往都要用晦涩难懂的符号来对自身进行掩饰和加密。为此,瓦哈什叶曾设计过几种密码。这两种倾向结合到一起,他很自然地注意到当时已经无人可辨的古埃及象形文字。为破译文字,他借助当时在埃及基督徒中仍然使用的科普特语作为媒介进行比较。这种语言在11世纪被穆斯林统治者禁止,但与晚期埃及象形文字具有一定联系。这种比较方法与19世纪商博良系统破解象形文字所用方法相近。通过努力,瓦哈什叶破解了93个古埃及象形文字的含义,并把它们的解释保存在一份于985年出现的手稿里。经过比对,现代学者发现他的辨识大多是正确的。

瓦哈什叶于985年对古埃及象形文字字母表的翻译

当时除瓦哈什叶外，还有其他学者也对神秘的古埃及文字感兴趣，并留下一些论述。现代学者发现，当时被集中研究的古埃及文字，主要与历史、地理、寻宝线索和形形色色的自然科学和神秘学有关。这反映了在中世纪人心目里，古埃及是这些学问的中心。同时也显示出在阿拉伯帝国的全盛期，古埃及学术如百川入海般成为阿拉伯科学的组成部分。

瓦哈什叶在《对未知文书中知识的渴求》里解读的古文字

# 南亚·东南亚篇

## 古印度数学的珍宝
### ——婆罗摩笈多

7世纪是数学发展较为停滞的一个时代。当时的地中海地区处于中世纪早期的骚动之中,无暇回顾古典时代的巨大遗产;前几个世纪群星闪耀的中国数学成为国家选拔考核人才的御用工具,逐渐丧失创造力;阿拉伯数学还处于刚刚起步的阶段。这个时候的数学天空,几乎只有南亚被一颗巨星照亮着,它的光芒最终射入西亚,为阿拉伯数学的飞跃添砖加瓦。这颗巨星就是婆罗摩笈多(Brahmagupta)。

婆罗摩笈多塑像

## 婆罗流韵

从名字就可以看出，婆罗摩笈多出身于古印度的婆罗门种姓。在社会中担任祭司角色的婆罗门掌管着解释和预言天象的权力，这就需要他们掌握天文学知识以及测量和计算天体运行的工具——数学。兴盛于4—6世纪的笈多王朝与婆罗门教紧密合作，促进了婆罗门教在经历耆那教和佛教冲击后的复兴，同时也铸就了印度文化史上的黄金时代。

据婆罗摩笈多自述，他是在塞迦历550年（古印度实行的一种历法，比公历晚78年）30岁时完成了代表作《婆罗摩历算书》。这样就可以推算出他生于公元598年。9世纪，一位《婆罗摩历算书》的注释者称婆罗摩笈多为"来自毗罗摩罗的尊师"，大多数学者也都认同婆罗摩笈多诞生于毗罗摩罗（今印度西北部拉贾斯坦邦宾马尔）。唐朝高僧玄奘曾游历到这里，并记载此地是当时的"瞿折罗国"都城。

除了知道他曾研究印度教哲学外，我们对婆罗摩笈多的早年教育一无所知。不过根据《婆罗摩历算书》，我们可以看出他对前辈和同时代学者，如阿耶波多（约476—550）、伐罗诃密希罗（505—587）和婆什迦罗一世（约600—680）等人的思想非常熟悉。

婆罗摩笈多成年后，来到印度中南部城市乌阇衍那（今印度中央邦乌贾因），主持那里的天文台。玄奘也曾到过乌阇衍那，当时这里是一个独立的小国。玄奘记载那里的国王"婆罗门种，博览邪书，不信正法"。我们不知道玄奘是否到访过乌阇衍那的天文台，更不知道中国和

乌阇衍那西普拉河畔的神庙

印度的这两位大师是否有过会面。不过,从 6 世纪起,乌阇衍那成为印度数学的研究中心之一,在婆罗摩笈多之前,伐罗诃密希罗在那里担任领导,而在婆罗摩笈多之后,又有婆什迦罗二世(1114—1185)继承衣钵,把印度数学推向顶峰。

根据婆罗摩笈多的另一部天文学著作《历法甘露》(Khandakhadyaka)的题记,我们知道它成书于公元 665 年,所以他可能在之后几年仍然活着,最后在乌阇衍那逝去。

## 学通天算

婆罗摩笈多的代表作《婆罗摩历算书》(以下简称"《历算书》")包括 24 章,有 1008 段以闰底律(Āryā meter)写成的韵文。这种以诗载道的形式是当时印度数学著作的写作惯例。

《历算书》大部分内容都与天文学有关,涉及各个天体在各个时刻的距离和位置关系、天体上升与下降的时间、合相与日月食的计算方法等。在《历法甘露》里,他还讨论了一些行星和月亮运行的问题。这些天文学知识对后世产生了一些影响,但婆罗摩笈多最重要的贡献,在于为得出天文学成果而发展的数学理念和方法。

《历算书》中有 4 章半内容讨论纯粹的数学问题,其中第 12 章讨论的是"算术"(Ganita,当时算术也包括一些几何问题),第 18 章讨论的是代数(Kuttaka,意为"研磨")。在算术、几何、代数和三角学等领域,婆罗摩笈多都取得了令人瞩目的成就。

在算术方面,婆罗摩笈多最著名的成就在于把 0 纳入计算体系。他明确提出诸如这样的法则:"正数与负数相加等于它们(绝对值)的差,如果它们(绝对值)相等,结果是 0"；"0 被正数或负数除，要么等于 0，要么得到一个分子是 0、分母是有限量的分数"；"正数或负数被 0 除，得到一个分母为 0 的分数"；"0 被 0 除结果是 0"。尽管最后两条与现在对 0 的认识并不一致，但这是历史上最早尝试把 0 作为分母的探索。

在代数学领域，婆罗摩笈多最重要的贡献是对包含两个未知量的二次不定方程的研究。他在计算方程 $Dx^2+1=y^2$ 的整数解时，进一步涉及了解决更一般的 $Dx^2+m=y^2$ 的方法。婆罗摩笈多提出，如果有 $(x_1,y_1,m_1)$ 和 $(x_2,y_2,m_2)$ 2 组解的话，那么 $(x_1y_2\pm x_2y_1,Dx_2x_2\pm y_1y_2,m_1m_2)$ 也是满足方程的 2 个解。

比如，要计算 $92x^2+m=y^2$ 的整数解。首先，当 $x=1$ 时，$92\times 1^2+8=10^2$，即 $(1,10,8)$ 是 $92x^2+m=y^2$ 的一组解，把它与其自身"合算"，就得到另一组解 $(20,192,8^2)$，也就是 $92\times 20^2+8^2=192^2$。再把方程系数都除以 $8^2$，得到 $92\times\left(\frac{5}{2}\right)^2+1=24^2$，这样我们得到最初要计算的不定方程的一组解 $\left(\frac{5}{2},24,1\right)$。但它还不是整数，这时，可以再通过合算，得出整数解 $(120,1151,1)$。当然，我们还可以重复合算步骤，继续得到无穷多个整数解。

数百年后，婆什迦罗二世给出更加完善的不定方程解法。在西欧，这个领域直到 17 世纪才由英国学者威廉·布隆克尔（1620—1684）进行探索——但这个成就被欧拉错误地安到另一位学者约翰·佩尔头上，因此现代数学称其为"佩尔方程"。

在几何学领域，婆罗摩笈多发展了勾股定理。除根据指定边长构造直角三角形、圆内接四边形、等腰梯形等几何图形的面积外，他还提出了计算三角形外接圆半径、圆内接四边形的面积及对角线长度等问题的公式。最后两个公式实际上是对托勒密定理（即对于圆内接凸四边形两对对边乘积之和，等于两条对角线的乘积）的进一步应用。

最后，在三角学领域，当时人们能够算出诸如 15°、30°、45°等"特殊"角度的正弦值。但婆罗摩笈多想如何计算像 57°这种非特殊角度对应的正弦值呢？他运用二次内插法进行计

婆罗摩笈多几何公式示意图——圆

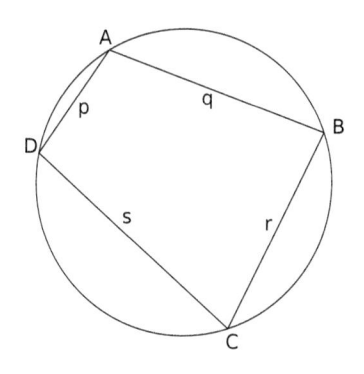

算。这种方法与近代数学中的牛顿—斯特林公式的二阶形式相同。像15°、30°、45°这样的角度,彼此间隔相等,可以称之为"等间距",通过这些角度对应的正弦值之差,及"正弦值之差的差"的变化趋势,可以模拟两定值之间某个角度对应的正弦值。婆罗摩笈多通过二次内插

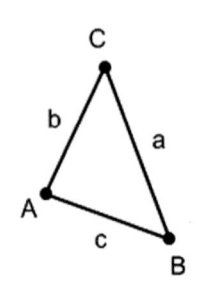

婆罗摩笈多几何公式示意图——三角图

公式,得出57°的正弦值为0.8384,与现代值0.8387的误差只有约3.6‰。

比婆罗摩笈多稍早一些,中国隋代天文学家刘焯(544—608)也运用二次内插法计算天文数据。这种在相隔遥远的文化中科学成就几乎同时产生的现象,在科学史上并不罕见。我们现在还无法得知,刘焯与婆罗摩笈多之间存在着什么样的联系,或者他们共享着什么样的知识基础。

**深远影响**

与婆罗摩笈多订正增补前人著述一样,他本人的著作在随后几百年中也有许多注释者。婆罗摩笈多在书中

给出许多结论和定理,但通常缺乏推理过程。在他之后几个世纪里的《历算书》注释者,给不少定理附上了许多例题。尽管无法确定这些例题究竟出自谁之手,但考虑到古代印度数学知识的流传情况,一些例题应当可以追溯到婆罗摩笈多时代。根据这些例题,数学史家可以推测出书中的定理是如何推导出来的。

在印度,婆罗摩笈多最杰出的继承人当属婆什迦罗二世。后者不仅也担任了乌阇衍那天文台的学术领袖,而且与婆罗摩笈多展开了间隔500年的对话。婆什迦罗二世将许多问题的研究都向前推进了,并把它们收录在代表作《莉拉沃蒂》中。

婆罗摩笈多的数学思想后来成为阿拉伯学者学习借鉴的宝库,其影响甚至早于后来大行其道的托勒密等古希腊学者。8世纪后期,一名数学家从乌阇衍那来到阿拉伯帝国首都巴格达,他所用的《历算书》令阿拉伯学者钦佩不已。不久《历算书》和《历法甘露》就被译成阿拉伯语。这两本书中的天文学数据对9世纪初的大数学家花刺子米产生了重要影响。11世纪初的阿拉伯大学者比鲁尼曾客居印度,并通过《历算书》等著作吸收了古印度知识。

目前，中国学界对于古印度数学了解还不算多，但婆罗摩笈多的著作早在19世纪初就已经有了英译本。婆罗摩笈多等古印度数学家的成就以及他们对后世带来的影响，也被越来越深刻地认识。

一名吃货的自我修养
——巴布尔

关于这篇文章的主角，我们暂且把注意力从科学家转移到一位帝王身上，感受丝绸之路上的各种水果给他带来的淡淡愁思。

**从逃难者到开国君主**

创建莫卧儿帝国的巴布尔（Babur，1483—1530）生于陆上丝绸之路的中心——

17世纪的巴布尔肖像

费尔干纳盆地的古城安集延,他是曾征服中亚到伊朗广大地域的帖木儿的直系后裔。巴布尔出生时,帖木儿帝国正在分崩离析。周边的新贵政权,尤其是乌兹别克人,对帝国的领地虎视眈眈。

1494 年,巴布尔的父亲离世,因此他在 11 岁时就成为费尔干纳山谷的统治者。四周的诸侯(同时也是他的亲戚)曾试图剥夺他的继承人权力。但在外祖母的支持下,巴布尔暂时巩固了地位。不久之后,他率军进攻帖木儿帝国的旧都撒马尔罕。几个月后,他攻下了这座丝绸之路名城,但这里也因战乱而被破坏殆尽。

这时先前潜伏的敌人联合起来,逼迫他退出费尔干纳盆地。他只能带领一小批追随者在附近山地流浪,或者寄居于塔吉克

巴布尔(右)与帖木儿帝国统治者米尔扎在撒马尔罕见面

地区的舅舅家。此时,他意识到抢回旧领地的前景已经十分黯淡。在回忆录里,他曾追述这段时间"我忍受了很多贫穷和羞辱。没有领土,也没有希望"。他甚至一度想抛下所有,前往从小就向往的中国。在经过短暂胜利以及随之而来的更大失败之后,他的部属只剩下二三百人。然而正在此时,一个机会出现在南方。

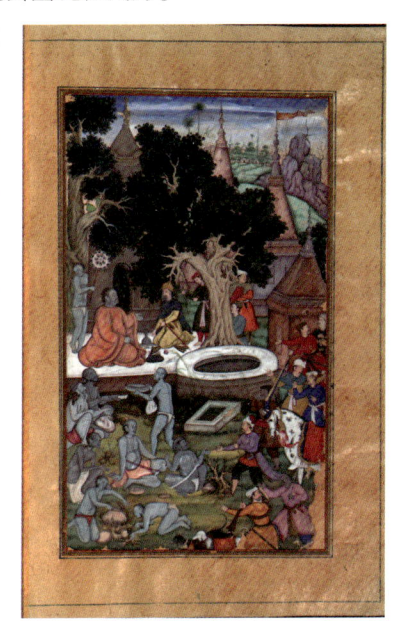

向南翻过兴都库什山,巴布尔抵达了喀布尔(今阿富汗首都)。这里的统治者刚刚去世,只留下一个婴儿作为继承人,这让这座物产丰富、人口稠密的城市处于不安之中。尽管他家眷在路上被抢得精光,但巴布尔几乎没费多大力气就迎来了当地贵族的投降。对于巴布尔而言,得到

巴布尔拜访高拉克纳寺

喀布尔犹如刘备占据益州,终于有了大展身手的平台。他很快攻下附近的其他地方,接纳了许多被乌兹别克汗驱逐的其他帖木儿王子,并被拥立为小朝廷的皇帝。

在乌兹别克人的压迫下,喀布尔显然不够安全。这时土耳其苏丹支援给巴布尔许多炮兵和火绳枪手,这让巴布尔有资本继续向南,也就是印度扩张。经过一系列战斗,他逐步扩大对北印度的控制,最终于1526年创立了统治印度时间长达三百余年的莫卧儿帝国。

**吃货的自我修养**

尽管11岁时就失去父亲,但实际上父亲对巴布尔影响甚深。他的父亲身材矮胖、大腹便便,喜爱吟诗弄文,为人贤明公正、慷慨大度(巴布尔本人评论)。人们在幼年时所受的潜在影响,往往会于成年时显现出来。巴布尔本不饮酒,但在30岁第一次饮酒后便爱上了它。他经常举办葡萄酒会,他赞颂和卓哈完和阿拉塞的葡萄酒、察甘撒莱的黄色烈性酒和萨瓦德的啤酒,还经常吃一种能醉人但毒性也大的麻饯饼。

巴布尔对生活充满热情。他对各类事物详细描述的程度往往甚于对往事的追忆。他热爱狩猎,细致地记录过喀布尔附近居民用网捉鸟捕鱼的技艺。到了印度,他的博物学爱好更进一步,他巨细无遗地记录了包括孔雀、鹦鹉、椋鸟、鹧鸪、山鸡、鹤在内的各种鸟类以及短吻鳄、印度河豚(巴布尔称为"水猪")等水生动物。对这些动物的描绘,往往以品评其味道结束。但书中关于它们形态细节的描写,表明作者在大快朵颐之前,除了询问

*《巴布尔回忆录》中描绘的印度巴兰一带的鸟类*

有关食物本身的问题外,很可能还咨询过与物种有关的许多其他问题。

巴布尔不仅喜欢吃野味,还酷爱各种水果。来到印度之后,他面前摆满了各种热带水果,他很乐意在回忆录

中给这些水果评定等级。总体上除了芒果、椰子、甜橘获得佳评外，其他水果能获巴布尔青睐的不多，如椰枣、猴面果等仅仅是"不坏，能吃"。另一些品种，如诃子，鲜食时酸涩难吃，却能做成果酱。最后一类水果则惨遭差评，如波罗蜜"其味甜、令人作呕"，有些品种的橘子"甜得恶心"。

作为一名帝王，巴布尔并不只是"果来张口"，他很懂实践。例如他指出椰子去壳后在一端可以看到三个凹陷处，其中

16世纪末版本《巴布尔回忆录》中的椰枣树

一个软的轻轻一按就可以戳穿。他还介绍了用罐子收集椰枣树和棕榈树汁液后将其发酵成酒的方法。这些都表现出巴布尔对新事物的好奇心和求知欲望。

巴布尔做梦都想重返撒马尔罕,这份乡愁在他的回忆录里体现得淋漓尽致。对于新的根据地印度,他说:"印度不是一个可爱诱人的地方……在印度,无好水,无好肉、葡萄、甜瓜,无好的水果,亦无冰,无冷水,集市上既无好的食品,也无好的面包。"他怀

巴布尔在花园中指导栽培花卉

念安集延无与伦比的香梨,怀念马尔格兰带有杏子香味的石榴,怀念阿黑昔多的能当饭吃的甜瓜。可以说对故土的思念,凝结在这位吃货君主的味蕾上。

16 世纪末版本《巴布尔回忆录》中的三棵
印度树木，此为猴面果树和酸枣树

### 丝路之果

实际上除了巴布尔的回忆录之外，水果在丝绸之路的相关记载中并不罕见。在祆教著作《创世》中，就把大约 30 种水果按照果肉和果核皆可食用（包括无花果、木瓜、黄瓜、葡萄等）、只能吃外面果肉（包括桃、杏、橄榄、樱桃等）及只有果核可以食用（包括核桃、扁桃仁、石榴、椰子等)的标准划分成三类。这些水果被认为来自人类的始祖亚当:他掉入凡间时,带着小麦和从天堂砍下的三十棵果树的树枝。

到中世纪,不少见闻录中也会提到不同地区出产的瓜果。其中一些还是中国人贡献的,例如随郑和远航的马欢和费信等人就在其游记中记录过占城(在今越南)的波罗蜜(与巴布尔对它的厌恶不同,马欢说波罗蜜果肉"味如蜜甜",且其子"炒吃味如栗子"),爪哇的外观看似石榴但内有白肉四块的"莽吉柿"(即山竹),古里(今印度西海岸的卡里卡特)的拥有十种用途的椰子,苏门答腊的闻之如烂蒜、入口却美味如酥油的"赌尔焉"(即榴莲)等海外水果。这些水果显然给旅行者留下了深刻印象,但使臣记录这些的目的是向皇帝报告海外见闻,因此不像巴布尔的记录那样充满个人判断。16 世纪后,欧洲传教士逐渐在书中增加对东方所产水果的记载,但他们往往只是把新看到的物产与欧洲当地所产进行对比,留下个人体验的不多。

如果我们到过中亚,一定会对那里的果品店印象深刻。那里不仅陈列着琳琅满目的干果,如巴旦杏、核桃、榛子、阿月浑子(即开心果)等,还摆满了杏、桃、葡萄、梨、桑葚等果干，及用盐、糖、蜜等调味品腌制的果脯蜜饯。这样的处理方法显然源于当地干燥的气候条件。它们比鲜果更便于贩运，甚至可以被带到遥远的印度，让身在印度的巴布尔品尝到幼时的味道。这也难怪他始终对诸多南亚水果持高标准、严要求的态度了。

## 东西方十字路口的数学家
## ——哈蒂布

对于古代世界科技的发展,以前的学者较多地以中国科技成就为出发点,与西方同类科技发展进行比较。这样的研究方法放到古代丝绸之路语境下,实际上仅是把关系遥远的丝绸之路两端,也就是中国和西欧牵到了一起。

另一方面,我们知道,旧时中国对海外有东洋、西洋、南洋等称谓。诸如鉴真东渡、郑和下西洋等,都是中国文化向外传播的壮举。那么在位于东西方十字路口的南洋,也就是以马来西亚、泰国等为主体的东南亚各国,其古代科技的发展情形又是怎么样的呢?遗憾的是,如今我们很难看到当地 18 世纪之前的科学文献，只能拉来 19 世纪晚期马来文化中数学史方面的代表人物哈蒂布（Ahmad Khaṭib al-Minangkabawi, 1860—1916），作为我们了解当地传统科技历史的入口。

## 海路锁钥

马来文化影响的地域（英语中又称作 Nusantara 或

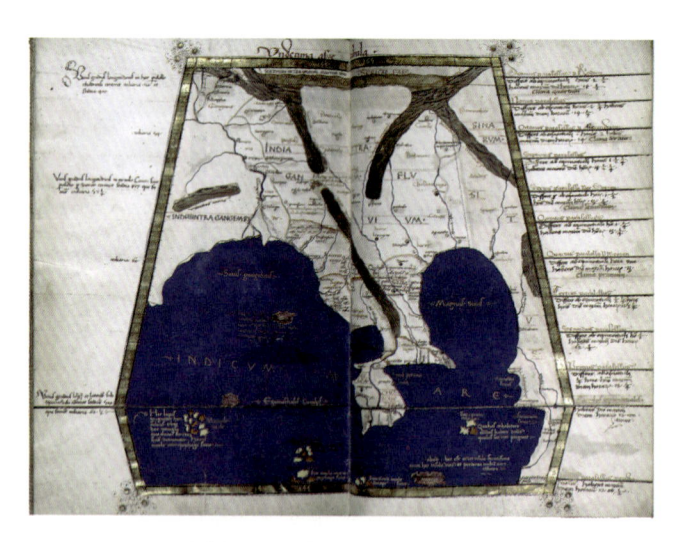

尼克劳斯·杰马努斯（Nicolaus Germanus）
根据托勒密地图绘制的马来半岛地图

Pascabima）包括现在的马来西亚、印度尼西亚、新加坡、文莱、泰国南部、菲律宾、柬埔寨,甚至还有远隔印度洋的马达加斯加等地。公元 2 世纪,生活在亚历山大里亚的希腊科学家托勒密,就曾在《地理学》中将这块地域描述为"黄金半岛"。这个名称可能源于亚历山大大帝东征后,传入地中海地区的印度史诗《罗摩衍那》,书中提到过"黄金之地"。在东南亚众多半岛和岛屿上,确实分布着不少金矿,其中北大年和彭亨等地的一些矿藏甚至到近代仍在开采,这个词语同时也反映了当地的富庶。我们中国人更熟悉的则是中文史料里对爪哇、旧港、马六甲等东南亚古国的记载,而随郑和出航的马欢、费信等人的笔记亦为我们生动地描述了当地的风土人情。

由于地处海上交通的咽喉要道,马来地区向来深受各邻近文化的影响。来自中国、印度、阿拉伯以及欧洲的文化元素,在不同时期先后与当地既有的马来文化糅合,不断发酵,形成各族群社区长期共存、并行不悖的场景,因此历来被视为社会学、人类学、历史学研究的试验田。较早在东南亚得到传播的是来自南亚的印度教和佛教文化,随后伊斯兰教在公元 8 世纪开始逐渐流入并扩大影响。由于伊斯兰教在历法、财产继承等方面都有独特规定,因此较为系统的天文学和数学知识也随之传入东南亚,而花剌子米、伊本·班纳、兀鲁伯等科学家的大名也开始为东南亚的学者们所知晓。

班纳的《数学技艺指津》等阿拉伯科学著作能够向东南亚地区流布,其中的一个原因是不少马来学者曾远赴西亚各学术中心留学。他们从麦加、巴格达、开罗的学院里带回众多书籍,尝试着给书籍做标记、评注甚至写下小册子,从而展示自己的勤学深思。

18—19世纪的马来学者多来自今位于泰国与马来西亚边界的北大年苏丹国、苏门答腊和今马来西亚北部的吉兰丹等地。这些地区人口密集,商贾云集,来自中国、荷兰、日本、葡萄牙、英国的商人都聚集在这里开展贸易活动,形成地方性大都市。频繁的交往活动带来了对科技知识的更多需求,所以当

哈蒂布

时的学者通常拥有很高的社会地位,而拥有科技知识的

学者则因善于处理与宗教习俗有关的实际问题而备受尊敬。其中哈蒂布(al-Khatib)被认为是 19 世纪马来地区最重要的数学家之一。

## 海归精英

1860 年,他出生于现在印度尼西亚西苏门答腊省的一个小村庄。幼年时,他在当地接受来自荷兰殖民者和伊斯兰教法两方面的正规教育。11 岁那年,他跟随父亲到麦加朝圣,随后留在那里深造。在距离家乡万里之遥的麦加,他如饥似渴地跟随各位名师学习,还娶了麦加一位学者兼书店老板的女儿做太太。他在这里学习并掌握了包括算术、代数学、修辞学、测量学、伊斯兰历法在内的丰富知识。优秀的成绩帮助他留在麦加,并成为麦加大清真寺里第一位来自马来地区的阿訇。

目前还无法确定哈蒂布最终是否回到出生地,但他在新加坡、印度尼西亚廖内和马来西亚吉打等地都留下过足迹,许多当地统治者都不断向他征求法律方面的意见。

无论是在麦加还是在印度尼西亚,哈蒂布都拥有大批拥护者。他教导学生时注重提问和讨论,鼓励学生发

米南加保的传统民居

表自己的观点。

**科学传播**

除作为神职人员在宗教和世俗生活中发挥作用外，哈蒂布习惯于早起写作。根据几名学生的记述，他留下的著作数量在 46 和 49 种之间。这些著作主要用阿拉伯语和爪哇语写成，影响波及叙利亚、土耳其和埃及等地。

哈蒂布撰写的科学著作主要涉及天文学和数学领

域。他在这些书的序言中说天文学与数学对于宗教仪式和日常生活都非常重要,但遗憾的是很难找到足以传授这些知识的老师。应马来人对这些知识的迫切需求,哈蒂布通过自学掌握了这些知识,例如通过月相变化来确定伊斯兰历各月份的开端,通过观测太阳在天空所在位置确定每日礼拜时间等。他也是一位对算术、代数学、几何学和三角学颇为熟悉的专家,这些知识使他能够确定礼拜所必须遥面的麦加的方向及承担制作指南针等任务。他以认真的态度,从诸多先贤的科学著作里汲取了这些内容,再把它们解释给他的学生。

马来地区作为东西方贸易的必经之地,对数学的需求同样迫切。这即是哈蒂布科学论述的另一个重要方面。在《数学旗帜》等著作里,哈蒂布以例证的方式详细阐述了当时使用的货币、重量、长度、容积等诸多方面单位的换算方法。哈蒂布的著作里设计了许多小测验,可检验学习者四则运算、开方、级数、排列组合、平面几何乃至同余计算等运算技能。这样的形式也与前辈数学家如出一辙,而有些题目在现代马来西亚的数学教科书中仍在沿用。

总的来说,面对当时咄咄逼人的欧洲殖民者,以哈蒂布为代表的学者仍然坚守并传播着传统文化中的科技内涵,从而为民族文化的自主性作出了贡献,这一点值得称赞。同时,哈蒂布把科技知识从阿拉伯半岛带回马来地区,对知识传播的促进作用也是值得称道的。

## 泰国科技之父
### ——拉玛四世

在科技史上,曾有很多人为科学事业献出生命,也有不少业余从事学术研究的君主。不过,出身社会顶层又因科学活动丧生的情况就很罕见了。在并不遥远的一百多年前,这样的事情就发生于我们的近邻——泰国。这位君王就是被尊称为"泰国科技之父"的拉玛四世(Rama Ⅳ, 1804—1868)。

拉玛四世照片

**修行生涯**

拉玛四世名为蒙固,是拉玛二世的儿子,其母亲是一名陈姓华裔商人的女儿。作为嫡长子,他自幼以知识渊博著称,而且是王位第一继承人。20岁时,他遵从泰国习俗,即青年男子应当出家一段时间,而削发为僧。不料,仅仅两个星期之后,拉玛二世就猝然去世。大部分贵族拥立年纪较长、更有内政外交经验的王妃之子,也就是蒙固的大哥拉玛三世即位。认识到无力改变现实后,蒙固到全国各地行脚云游。面对下层人民的艰苦生活以及日益逼近的西方殖民主义,他积极思考,为国家和民族寻找出路。

1836年,他成为曼谷波稳尼威寺的首任方丈。在这里,他开始向居住在附近的欧洲传教士和水手们学习西方知识,包括拉丁语、英语和天文学等。蒙固甚至准许传教士在寺庙里布道。总体上,他认可欧洲人的学术成就,但并不认为皈依他们的信仰是一个明智的选择。

## 新政强国

1851年,拉玛三世去世,年近五旬的蒙固终于获得贵族们认可,继承王位成为拉玛四世。在此前27年的僧人生活期间,他在职权范围内倡导宗教改革,一方面让社会信仰的松弛面貌焕然一新,另一方面也竭力消除佛教活动中的迷信成分。执政之后,他试图在外籍顾问帮助下,寻求通过有限改革的方式来实现国家的近代化。

拉玛四世当政期间,西方两大豪强给泰国施加的压力更大了。西边有已经控制印度和缅甸的英国在虎视眈眈,东边则是法国人的蚕食。犹如三明治夹心般的泰国,应当何去何从?

对此,拉玛四世小心翼翼地在大国之间左右逢源,取得平衡。而且他期待借助推动科学研究来证实泰国是能够适应时代的国家。

1868年,一次绝好的通过科学来展示泰国拥抱近代文化决心的机会到来了。

1866年拉玛四世与朱拉隆功举行皇家剃度仪式

## 暹罗国王的日食

这次机会就是 1868 年 8 月 18 日的日全食。当时,对太阳日珥、色球层和日冕的研究,是天文学的重要问题。它们究竟属于太阳,还是地球大气现象或月亮现象,此前一直处于争论中。这时恰逢摄影术和太阳光谱学出现,天文学家急于把这两种新武器应用到太阳观测上。

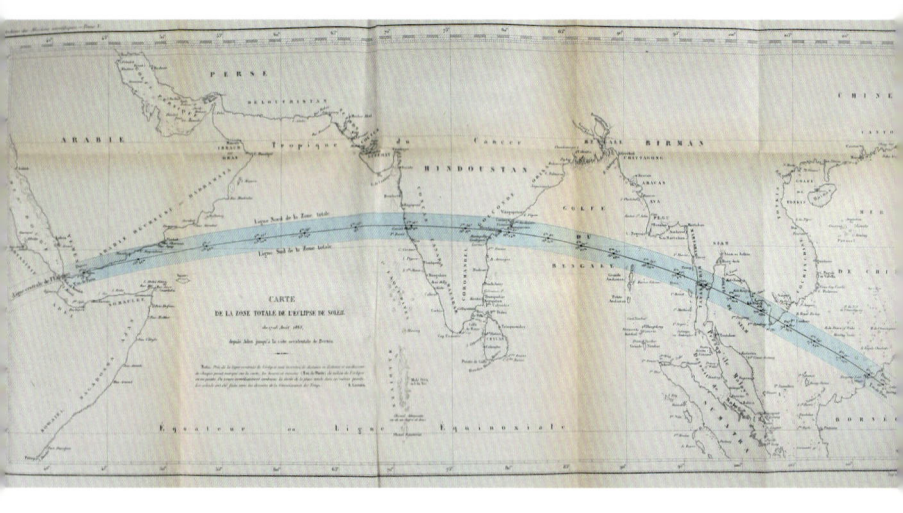

1868 年日全食预测地图

日食常有,但对泰国如此"友善"的日食却不常有。这次日食前后,月亮刚巧处于一个非常靠近地球的位置,使得遮住太阳的月影极为庞大。这让西方各国天文学家都摩拳擦掌，对这次日食翘首以待。英国、德国、荷兰等国的学者分别准备在日食带最西侧的亚丁、印度以及最东侧的苏拉威西等地展开观测。但天文学家最关注的焦点是泰国。因为在泰国湾一带，太阳将被完全遮盖 6 分 50 秒，比印度多 1 分钟的观测时间。而且这个季节正处于印度洋季风带的雨季，位于西边有山脉遮挡的陆地东缘的观测点拥有最适宜的天气条件，而今泰国班武里府的华高(Waghor)就是最理想的观测地。

于是，曾经算出海王星轨道的巴黎天文台台长勒维耶，开始积极运作观测日食事宜。几经波折，他终于得到许可和预算支持，组织了包括 3 名年轻天文学家在内的科考队前往泰国。而另一名与其关系疏远的天文学家让森则选择到印度观测。

法国科学家事先知道拉玛四世爱好天文学，但到达后，他们不无惊讶地发现，泰国人已经在那里建起一片临时宫殿——拉玛四世早已准备好在这里接待受邀前来观看日食的王公贵族和外宾的事宜。虽然当地低洼的地形让各国人士饱受蚊虫之苦，但对于法国人来说，至少不会出现此前传说中经常袭击村民的猛虎了。

事实上，至少在两年前，拉玛四世就准备利用这次日食大做文章。他利用从传教士那里学到的西方天文学知识，计算出了日食的发生时间和观测地点。他算得的日食时间比法国人还要精确2分钟。

尽管占星者声称，国王会因亲自观测日食而导致灾难。但准确预测日食，而不是听凭占星者摆布，被认为是宣扬近

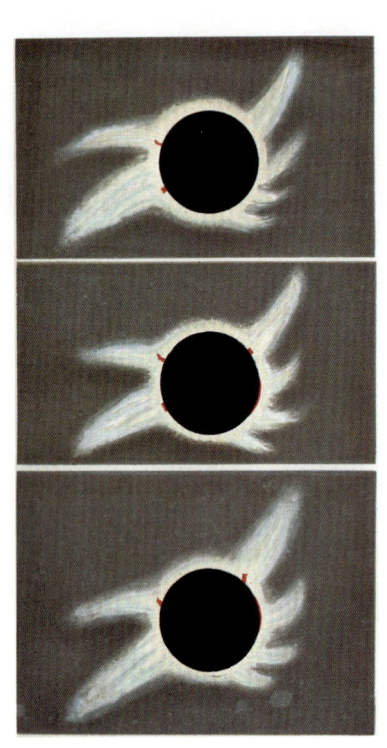

法国观测者绘制的1868年日食草图

代科学与理性的最好选择，因此拉玛四世在不祥预言下，仍坚持在低洼处建设观测行宫。

法国科考队并不"孤单"，他们发现拉玛四世还邀请了英国驻新加坡总督前来观测。当时，拉玛四世举行了

泰国国王的日食观测队

隆重的欢迎仪式。

在天时地利人和之下，日食观测取得了圆满成功。由于拉玛四世精准的预测以及对国外科学家的盛情接待，此次日食被称为"暹罗国王的日食"。华高后来还建有拉玛四世观测活动的纪念馆。不过在科学史上，除拉玛四世外，因这次日食而享有盛名的并非前往泰国的法国观测者，而是从印度归来的让森。他在太阳光谱中观察到一根陌生的谱线，让人类发现了氦元素。

然而，这次观测如占卜者所言，为国王带来一场悲剧。肆虐的蚊虫不但让十余名法国科考队员高烧不退,迫使他们迅速回国,还让国王父子都染上疟疾。一个多月后,拉玛四世与世长辞,年轻的皇子康复后成为新的国王,即拉玛五世。

拉玛四世虽然壮志未酬,但他的精神却影响深远。拉玛五世全面继承了他对内改革宽容、对外融入世界的政策,甚至模仿父亲,邀请英国学者到泰国观测了1875年的日全食。

# 欧洲篇

## 丝绸之路上的药物学先驱
## ——迪奥斯科里德斯

谈起古希腊和古罗马医学家,或许很多人首先想起的是希波克拉底——直到现在医学生们仍要以他的名义宣誓服务社会,或者是在身后千余年间仍在医学理论发展中执牛耳的盖伦。诚然这两位医学家以其在从理论到实践众多领域中的建树在历史中留下了不朽的丰碑,但要说起中世纪从地中海到印度洋这片广阔区域里医学界耳熟能详的人物,不可忽略的还有一位,那就是迪奥斯科里德斯(Dioscorides,约40—90年)。他勤奋地把所能接触到的药物信息,在其代表作《药物志》中,以清晰、简洁、合理但又详尽的方式记录下来,便利了药物知识的流传。

他的这种著述形式为后人所广泛模仿。他在药物学和博物学等领域的影响一直延续到 19 世纪,而他所记录的药物信息则使他堪称丝绸之路药物知识传播方面杰出的先驱者。

迪奥斯科里德斯画像

## 出没于市井间

与希波克拉底和盖伦相似的是,迪奥斯科里德斯也来自小亚细亚。不过,他来自更东边的小亚细亚半岛东南部的奇里乞亚(又称小亚美尼亚)。这或许限制了他的活动半径,使他未能像前两位大师那样到西边的希腊本土城邦或罗马等政治中心游学。他足迹基本在现在土耳其和叙利亚两国边境一带,这块区域自青铜时代以来一直是东西方贸易,也就是丝绸之路西段的要道。这为迪奥斯科里德斯积累融汇来自各地的知识提供了优良的基础条件。

迪奥斯科里德斯生于一个战略位置重要但人口并不稠密的小镇安纳查布斯,这座小城的遗址直到现在仍矗立在原地。在经济和文化上,这座小镇都无法与附近的大城塔尔苏斯相比,因此我们理解迪奥斯科里德斯尽管对故乡不无依恋,但还是在成年后长期把后者作为根据地。在那里,他师从名医埃瑞欧斯。

以往学者多认为迪奥斯科里德斯成年后担任罗马军团的医生,随军四处旅行,搜集药物和植物信息,甚至到过埃及。不过,这种说法存在诸多疑点。青年迪奥斯科里德斯确实向埃瑞欧斯写信说他已经去过许多地方,并过着"军人般的生活",但通过他的著作可知他似乎并不擅长军人战斗或斗殴中常见的外科创伤的医治,相反记载了许多妇科药物和妇科疾病疗法。而且《药物志》里总提到他把市集作为获取知识的主要场所,而不是军营。另外,他提到的所经之地很多都没有驻扎过罗马军队。总之,迪奥斯科里德斯不大可能长期在军队中供职。

既然说迪奥斯科里德斯多从市集搜集信息,那么可否直接说他就是个药物贩子呢?的确,他对药物本身性

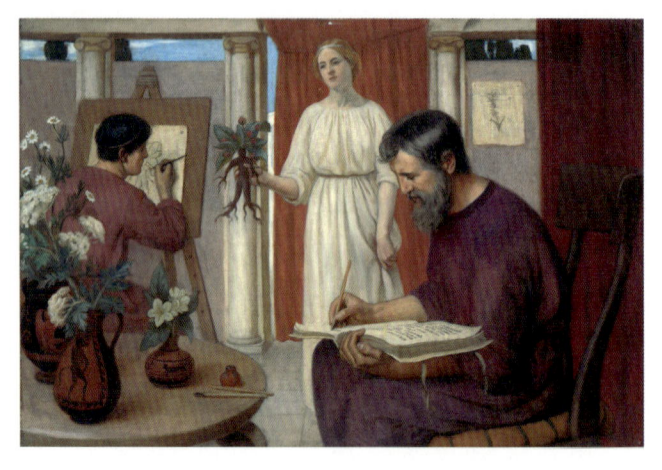

迪奥斯科里德斯正在描绘可作为镇静药的曼陀罗草

状的关注,往往更甚于它们的治疗功能。他在书中提到了如何鉴定植物和矿物优劣真假,它们有何种包括非医疗用途在内的用法,如何制备储存等,甚至提到这些药物是从什么途径运输到市场上来的。这让《药物志》与老普林尼的博物学名著《自然史》有很多相似之处。不过他又很少提到诸如运输、包装等药材生意的细节,表明他对药材生意并不熟悉或不关注。

如果考虑迪奥斯科里德斯的老师埃瑞欧斯的修辞学和哲学背景,那么可以推测迪奥斯科里德斯本人也秉持希波克拉底时代以来的医生精神,即哲学与医学是结合在一起的,医生不仅仅是拥有专业技能的手艺人,也要从富有经验者那里汲取知识,最终帮助人从生理和精神等各个层面实现全面健康。这样就可以更好地了解他从市集收集信息的行为。实际上,积极询问实践经验更丰富者以获取知识也是后世众多杰出医家的共同作风。

**本草巨著**

《药物志》是一部怎样的书呢?如前所说,这是一部兼具药物学和博物学特点,又在东西方交流史上具有相当重要意义的著作。

在迪奥斯科里德斯之前，古典时代医学家对药物的论述规模相当有限，例如在希波克拉底及其门人的众多著作中仅列出了大约130种药物，这是我们现知迪奥斯科里德斯之前论述药物种类最多的。其他学者也对不同药物进行过描述，但遗憾的是它们几乎全部失传了。那么《药物志》中提到多少种药物呢？这部成书于公元50—70年之间的五卷本巨著，共记载了600余种植物、动物和矿物原料，如当时疗效已经为人所知的乌头、芦荟、鸡血藤、罂粟等。书中还记载了由这些原料制成的1000多种药物以及包括非药用的4700多种用法，体量比希波克拉底的药学知识大了好几倍。

对于每种药物，《药物志》通常会先简短描述其来源植物、动物或矿石的性状特征，然后描述如何从众多鱼目混珠的原料里辨认出具有良好药效的物种，随后谈论它们的药理作用和药物制备方法，最后进行毒理学方面的警告。迪奥斯科里德斯会引用其他医生的观点，并提出自己对这些观点的看法。对于一些药物，他会列举不同地域的不同称谓。可以看到，《药物志》对药物的描述是相当全面的。

除药物学价值外，《药物志》也是一部博物学巨著。

波斯语版《药物志》(内页)

如前所述,它提供了自然界各类物品的命名、产地、性状、相近品种辨认等详细信息,而且该书多以带有插图的抄本形式流传,使得《药物志》成为后人学习辨别植物的依据。

《药物志》所载药物,大部分原产地在地中海沿岸,特别是欧洲东南部和西亚一带,但受到罗马帝国财富高度集中及人们为满足养生保健需求而追逐具有神奇疗效的异域药物风气的影响,它也收录了许多通过长途贸易引

进的,原产于东非、阿拉伯半岛南部、西亚、印度乃至中国的药物。迪奥斯科里德斯无法对商人们提供的所有信息进行追根溯源,且这些信息往往混淆了药物原产地,但该书还是为古典时期丝绸之路商道

阿拉伯语版《药物志》中的蜜炼药物

的变迁提供了宝贵的信息。在这一点,即便是社会地位更高的老普林尼也无法做得更好。例如对于中国大黄的来历,迪奥斯科里德斯和老普林尼都只把视线停留在黑海一带,这在当时几乎已是他们能够获取准确信息的极限。

## 后世影响

从成书到近代的漫长时间内,《药物志》一直被作为权威的药学著作流传下来,并在世界许多地方都产生了深远的影响。

在罗马帝国晚期,《药物志》就被译成拉丁语,中世纪早期开始它又被陆续翻译成叙利亚语、阿拉伯语、亚美尼亚语等。从北欧越过地中海、埃及,一直到中亚和南亚,《药物志》都拥有许多读者。这部书在医学教育中的地位非常重要,广为人知,很自然地它也成为后世许多著作的基础。在伊本·西那、伊本·贝塔尔等阿拉伯医学家的经典著作中,都连篇累牍地引用过《药物志》。针对不同语言抄本中出现的鲁鱼亥豕乃至彼此矛盾的现象,许多匿名学者也采用边注的形式进行过辨正,其中不乏在漫长实践过程中新获取的知识。这使得迪奥斯科里德斯的遗产在千余年间如滚雪球般不断扩大。

文艺复兴时期以后,《药物志》的影响依然没有减弱。据统计,从1478年到1600年,仅拉丁文就有36个版本,印刷了96次。学者们从不同视角对《药物志》进行阐释,促使医学原料的研究逐渐分化成药学、植物学、矿物学等不同领域。

阿拉伯语版《药物志》中疯狗咬人的户外场景

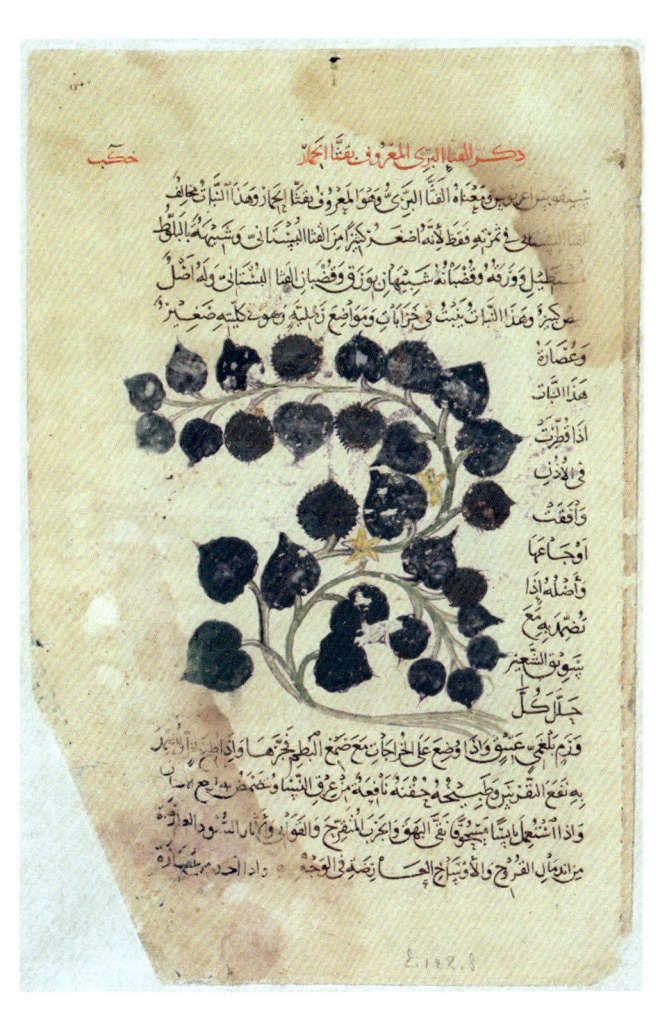

阿拉伯语版《药物志》中的野黄瓜

18世纪以来,博物学得到大发展,现代医学逐渐占据主流地位。尽管许多人仍以《药物志》来学习辨认物种,但更多博物学家用亲临其地的直接经验来补充和订正迪奥斯科里德斯的记载,这就导致《药物志》的知识体系逐渐被覆盖和替代。然而,鉴于它本身含有的显著文化交流要素以及在文化传播中起到过的重要作用,迪奥斯科里德斯及其《药物志》仍然是值得我们学习和了解的人类智慧结晶。

拉丁语版《药物志》中苹果和榅桲的插图

## 行走丝绸之路的万事通
### ——裴格罗蒂

作为东西方文化交流的象征性人物,马可·波罗的传说早已世人皆知。这位探索世界的先驱不但继承父辈志业一路向东,在中国生活二十余年,将大量与中国有关的信息传回欧洲,从而此后数百年间激励着欧洲人探索世界,还是 12 世纪欧洲经济复兴后人们重新有余力发扬开拓精神的时代缩影。

1472年版的《通商指南》

马可·波罗这样的在华外国人，在当时欧亚大陆空前统一的氛围下并不罕见。商人、使臣、将领等不同身份的人物，在13世纪的欧亚大陆上络绎不绝地往来。他们对各地风俗习惯、物产资源、交易制度、货币兑换等信息需求强烈，同时他们的见闻又进一步对已有知识形成了补充。这类现象在注重通过贸易追寻财富的意大利城邦尤其突出。到14世纪，终于形成了一部包罗万象的商业手册，那就是裴格罗蒂（Francesco Balducci Pegolotti，约1280—1347）的《通商指南》（*Pratica della mercatura*）。

**久经商场**

裴格罗蒂出生在佛罗伦萨一个富裕的商人家庭。成人后他效力于当时欧洲规模最大的贸易和金融公司巴尔迪公司（Compagnia dei Bardi）。这家由佛罗伦萨望族巴尔迪经营的公司兴盛于12世纪，并在地中海和英格兰建立了强大的贸易网络，把意大利南部的橄榄油、葡萄酒以及英格兰的高品质棉布运往各地。从1317年到1321年，裴格罗蒂出任巴尔迪公司在英格兰的代表。利用这个身份，他往来于英国各个港口，为推动英国与地中海的贸易发挥了重要的作用。随后裴格罗蒂转赴塞浦路斯，从小亚美尼亚(今土耳其东南部)为佛罗伦萨取得了东地中海的贸易特许。

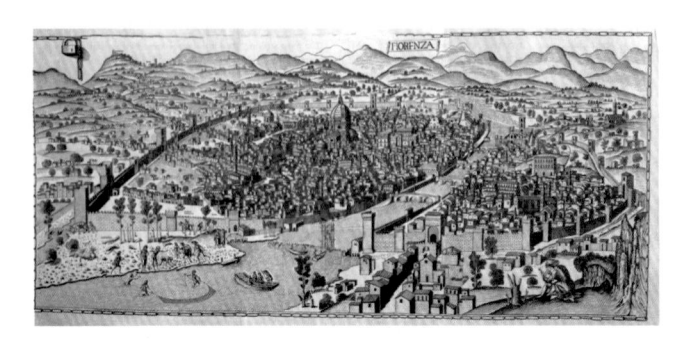

文艺复兴时期的佛罗伦萨

1347年,几家意大利财团出借给英国国王爱德华三世的贷款,由于国王军事行动获利甚少,已经如滚雪球般变得越来越巨大。最终英国王室违约,仅能以少量现金和一些羊毛抵债。这最终拖垮了巴尔迪公司等意大利金融巨头,裴格罗蒂参加了巴尔迪公司的清算工作。此后,史料中就没有关于他的记载了。

裴格罗蒂丰富的经商经验,让他能够接触到大量地中海地区和世界其他地方的信息,并很可能促使他在塞浦路斯驻留期间完成了这部影响很大的《通商指南》。

## 商业百科

严格来说,裴格罗蒂不算是科学研究者,但这部《通商指南》蕴含着许多实践性的社会性技术知识。其中包括和蒙古、突厥等东方民族保持友好往来,并顺利开展贸易的交往技能,如日常所用词汇、利用身体开玩笑、对待家庭成员的态度、如何适当称赞外国人等。

裴格罗蒂建议尊重东方民族的习惯,在旅行时留长胡子;商人们千万不要在聘请翻译这件事上吝啬,一位好翻译的费用绝对能从商业获利中弥补回来;带着女性同行的商人,将能获得更多尊重,因为这表明商人具有更高的社会地位……利用这些知识,商人们可以尽量和贸易

到突厥地区经商的欧洲商队

路途中的陌生民族打成一片,逾越随处可见的文化障碍。

当然,《通商指南》里所反映的当时人们掌握的科学知识,几乎如岩石中的碎金般闪闪发光。这部书在一开头就简要地讲述了乘牛车、马车或骆驼车等各类交通工具,从黑海沿岸的意大利商站塔纳,途经伏尔加河口的阿斯特拉罕以及金帐汗国的几处要地,通过中亚的讹答剌、察合台汗国都城阿力麻里(这个地名意为"苹果")、中国河西走廊最终到达元朝首都大都的路程。对各地之间旅行所需时间和沿途各民族的分布情况的认识,显然源于这条道路上无数行人积累的人文地理学知识。由于这时西亚政局不稳,海上丝绸之路航线常遭海盗侵袭,所以意大利商人对陆上丝绸之路非常倚重。

《通商指南》不厌其烦地记载了各地的物产和急需商品,这些信息在中国古代丝绸之路著作中也有简要的记载,但不同的是中国著作里的内容大多是呈献给皇帝或官员的域外见闻,而《通商指南》具有明确的帮助商人盈利的目的。我们从《通商指南》中可以看到很多有关如何装载各类货物、鉴别商品质量、防止交易对手耍花招的知识。这些知识都非常真实地反映了当时人们对数百种丝路货物性质的需求。

由于丝绸之路要穿越许多国家或部族的领地,商人们时常要被征税。这些税主要包括关税和交易税等项目。此外,在不同地方的市场交易,还需要时刻面对度量衡换算和不同成色的金银货币兑换问题。这些日常事务大多涉及比例换算,而这是古代实用数学极为常见的内容。《通商指南》中记载了许多地方的税收标准以及度量衡换算比例。与中国古代的《九章算术》系列数学书主要列出例题和解题方法不同,《通商指南》大多只是简明扼要地用列表形式提供换算比例。

在《通商指南》出现一个世纪之前,斐波那契(1175—1250)已经把许多盛行于阿拉伯地区的实用数学带回意大利,其中就包括新的阿拉伯数值系统在记账、重量计算、利息、汇率和其他方面的日常应用。从《通商指南》所列表格来看,阿拉伯数字受到商人们的热烈欢迎,已经成为主要的记数方式。

另一处对斐波那契有所继承的是,《通商指南》提供了第一张全面的复利计算表格。复利在数学上主要涉及等比数列和等比级数(即数列求和)问题。我们对斐波那契数列耳熟能详,实际上它也是近似于以"黄金数"(约为1.618)为公比的等比数列,或者利率为61.8%的复利表。

19 世纪创作的斐波那契画像

中国古代农业社会的利率设置往往粗暴简单，如元朝"羊羔利"利息多为100%，相关计算方法和结果在中国古代数学著作里也有所体现。商业活动更加重视利息背后的信用估量，因而对利息的设定要细致得多。《通商指南》列出了20年内，利息从1%、1.5%一直到8%的滚动数字，非常便于商人们的实际使用。

欧洲篇

用来称量钱币重量的砝码钱

## 后世影响

在裴格罗蒂之前，欧洲人关于东方贸易的著作，要么像《马可·波罗游记》那样以文学描述为主，要么是《库曼语辞典》那样的语言工具书。《通商指南》开辟了一种新的图书类型——商业实用图书，受到人们的极力追捧，不少类似的书籍也在佛罗伦萨、威尼斯和那不勒斯等商业城邦涌现。这些现代早期的商业手册，不仅促进了地中海地区与东方的文化和商业交流，也成为哥伦布等航海家尝试直接从海路发现印度和中国的坚实后盾。

当时意大利城邦的"国际化"程度很高，古意大利语、古法语等多种语言同时存在。《通商指南》不可避免地也使用了这些古代语言，所以对于现代学者而言这本书的阅读难度很大。作为东西方文化交流史的重要著作，《通商指南》很早就被英国学者亨利·玉尔节选翻译成英语。但现代学者们常用的版本是英国学者伊文斯编辑的意大利语译本。尽管它不是单纯的科学著作，但其中所蕴含的科技史信息，仍然在等待我们去大力挖掘。

## 中世纪西方医学的天降之人
### ——康斯坦丁

在此前文章中介绍过多位医学名家以及他们取得的成就,那么阿拉伯医学与现代医学有什么样的关系?阿拉伯医学如何过渡到现代医学的?要解答以上问题,就要了解医学知识从阿拉伯世界向欧洲回流的漫长经历。在此过程中,许多学者承担了将医学知识从阿拉伯语重新翻译为拉丁语等语言的工作。其中,被称为"中世纪西方医学的天降之人"的康斯坦丁·阿非利加努斯(Constantinus Africanus,约1015—1087),就是推动阿拉伯学术向欧洲回流的先驱人物。

## 一分为三

从希波克拉底到盖伦,古典时代的医学通过对人体结构的经验性观察以及与自然哲学相结合的体液学说进行的深入思索,取得了很高成就。罗马帝国崩溃后,以盖伦学派为代表的古典时期医学知识在三个不同的地区,即西欧、拜占庭和阿拉伯,分裂成不同的传承。

由于屡次遭遇入侵,西欧的医学知识仅能通过修道院保存下来。在那里,对人体进行观测从而积累知识的研究方法,逐渐被基督教神秘主义和慈善观念侵蚀,治疗变得过度简化。而在巴尔干半岛和小亚细亚等地流传的拜占庭医学的一项重要贡献,就是那里的学者们对此前医学知识的汇集整理。但在前罗马帝国的东部地区,医学与基督教之间的关系也很微妙。拜占庭医学在盖伦学说的基础上,融合了许多民间疗法,从而将古典医学本土化。据说10世纪时,古罗马医生迪奥斯科里德斯的《药物志》,从拜占庭首都君士坦丁堡流传到阿拉伯帝国后倭马亚王朝宫廷(今西班牙科尔多瓦),后由西班牙国王继承,使那里成为古典医学向欧洲回流的一个枢纽。

希腊医学在东方的最初传播,则与公元5世纪初的基督教分裂有关。当时君士坦丁堡大主教聂斯脱利主张耶稣同时具有独立的神性和人性,他拥有一些拥护者,但反对声音更多。431年,在以弗所(今土耳其境内)召开的会议上,聂斯脱利及其支持者们被宣布为异端。他们被迫向东方迁移,最后在波斯帝国找到了庇护所。在这里,他们把携带来的希腊医学著作翻译成叙利亚语,并在当地建立了学院等传承机构。

9世纪时,一位聂斯脱利派医生胡奈因·伊本·依沙克,将盖伦和拜占庭医家的希腊语和叙利亚语著作进一步翻译成阿拉伯语,并向巴格达的阿拉伯医生们传授了盖伦的医学思想,这促成了阿拉伯医学黄金时代的到来,涌现出拉齐、伊本·西那等著名医学家。

### 萨勒诺的圣人

经过复杂的人员和文化的交流互动,西欧医学在经历了数百年低谷后,于10世纪后开始复兴,其重要的标志是萨勒诺医疗学派的创立。

萨勒诺是一座位于亚平宁半岛南部的小城,在这里,意大利、阿拉伯、拜占庭等文化交汇融合。据说,罗马人罗曼、希腊人阿图拉、阿拉伯人阿德拉和犹太人赫利努斯

19 世纪中叶的萨勒诺

伊本·西那《医经》中描绘的希波克拉底学院

在这里共同创建了一座医学院,即希波克拉底学院。这座从创立起就重视经验、倡导预防的学院,使萨勒诺作为健康之城而声名远扬。在萨勒诺,医生拥有崇高地位,而要成为医生须经历严格的训练。学生们要掌握伟大先贤们的著作,并于最后一年在监督指导下进行实习。

萨勒诺的教学最初是口头传统,但对书面文献的需求很快变得急切起来。起初学校有一些拜占庭传统下的希腊语和拉丁语著作,但这远远不够。在这个关键时刻,一位才华横溢、富有冒险精神的医生从阿拉伯医学传统中驰援而来,从而改变了西医的发展面貌。他就是康斯坦丁·阿非利加努斯。

康斯坦丁的传记有很多传说成分,因此只能勾勒出他的大致生平。他出生于地中海东岸的迦太基,我们不清楚他最初是穆斯林还是基督徒。康斯

13世纪末康斯坦丁翻译的《论旅行》

坦丁在巴格达学习医学，后来又前往叙利亚、埃及、埃塞俄比亚和印度等地游历，因此掌握了大量知识和医学文献。在返回故乡之前，康斯坦丁曾短暂访问过萨勒诺。他在故乡并不受欢迎，甚至被指控为巫师，但在萨勒诺得到一名贵族的庇护。他在 1065 年到 1077 年之间携带着大量书籍重返萨勒诺，并开始在医学院教书。在众多学者和权贵敦促下，康斯坦丁此后长期从事医学文献的翻译工作，最终将约 25 部著作译为拉丁语。

需要说明的是，包括医学在内的伊斯兰黄金时代科学著作，一个显著特点就在于对学术源流的尊重，书中如引用其他学者的观点必定会予以说明，这种与现代学术规范类似的习惯成为推动学术进步的因素之一。

但康斯坦丁对上述传统弃若敝屣。尽管他的译本尊重原作者提出的概念和一般结构，但他喜欢随文插入自己的观察，这些"插话"往往很难与原始文本区分开来。此外，他惯于掩盖对原作者的引用，并将这些文本作为自己的原创。更有甚者，他把一些前人著作替换成自己的名字，据为己有。这些被窃据的医书不仅有阿拉伯学者的著作(如阿里·阿巴斯的《完全康复》，该书作者在 40 年后的新译本中被正名)，还有基督教聂斯脱利派的著作

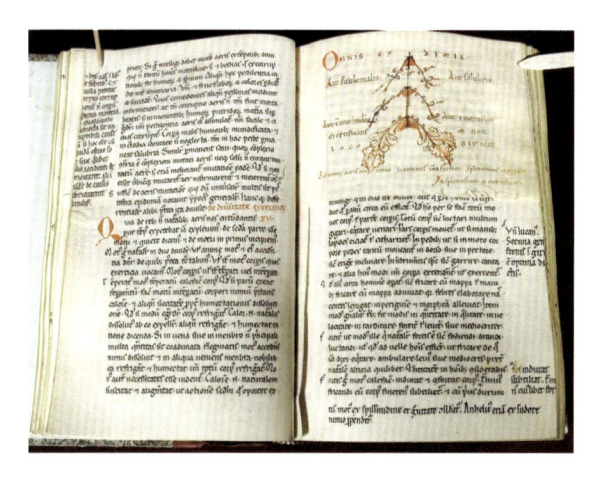

12 世纪晚期康斯坦丁翻译的《完全康复》

(如依沙克的《眼科十书》,这本书直到 800 年后才被物归原主,对于此书,康斯坦丁有两个译本,其中之一他暗示本人即作者,另外一个译本他把著作权给了盖伦)。康斯坦丁大约是发现了当时欧洲学术界尚未形成学术规范这一漏洞,因此要以翻译这种对他而言能够轻松完成的方式来为自己迅速积累名声。

**始作俑者**

既然在现代人眼中,康斯坦丁很大程度上只是一名翻译,从他自我署名的书里很难找到除个别药物用法之外的其他原创知识,而且根据一些学者的研究,他在选择翻译对象时并没有过多考虑建构体系,而是有很强的随意性,那么他在科学史上的地位究竟如何呢?

考虑到康斯坦丁在短短 20 年间,把 20 多部阿拉伯医学图书(其中不乏大部头著作)整体性地引入欧洲——其中一些著作此后再也没有出现更好的译本,而是以康斯坦丁所著的名义流传数世纪之久——其贡献是显而易见的。在短时间内将大量此前从未在欧洲(包括古希腊医典)出现过的术语和概念译介

收有康斯坦丁著作的 15 世纪德语-拉丁语医学论著集

过来,并让它们被沿用数世纪之久,同样是一项杰出成就。

康斯坦丁对阿拉伯医学的译介,对萨勒诺继续保持活跃的医学传统贡献很大,还让这里的医学知识向其他地方溢出。当时,萨勒诺所在的意大利南部,与现在的北非利比亚沿海一带、地中海东部安提阿一带以及英格兰,

同属于被诺曼人征服的地区。这些地区的统治者共享着相同的血统、语言和文化,这意味着修道院之间也具有相当密切的联系。通过这样的交流渠道,康斯坦丁的著作也流传到英法等西欧地区。从英国伦敦、剑桥和美国贝塞斯达收藏的几部康斯坦丁手稿来看,这些

13世纪康斯坦丁译著《临终圣餐》手稿

在西欧修道院复制的手稿,有的装帧十分精美,似乎只适合图书馆庋藏,有的则更近似于简易的文摘,便于医生携带和学习。书页边上的标记和符号,表明这些著作曾被认真阅读过。显然,康斯坦丁的影响超越了萨勒诺当地。

康斯坦丁的翻译事业属于阿拉伯医学被欧洲接受的第一阶段,他数量众多的译作,为接下来二百年间医学知识向欧洲流动开了一个好头。从开创性的角度来说,称

康斯坦丁为"中世纪西方医学的天降之人"并非言过其实。

康斯坦丁为病人们验尿

## 热带医学的先驱
### ——加西亚·德·奥尔塔

在 15 世纪即将结束时,达·伽马的船队到达印度,这标志着欧洲人终于越过西亚,开始建立与印度和中国等东亚、南亚地区的直接联系。随之而来的是欧洲人对东方的地理、民族、物产和风俗习惯等各个领域系统性知识的强烈需求,在此之前这些知识要么通过阿拉伯人的著作转手而来——其中不少还是承袭自古典时期的作家,要么来自教皇派往东方各国使节零零星星的报告。而即便在东方建立长期据点,从对当地知识进行观察、汇总和细致整理,送抵欧洲,再与国家需求相结合,制定下一步政策,也需要一个长期的过程。因此,直到 16 世纪中叶,我们才逐渐在各个科学领域看到关于东方世界较为系统严谨的论著。葡萄牙医学家加西亚·德·奥尔塔(Garcia de Orta，约1501—1568)的《印度方药谈话录》(*Colóquios dos simples e drogas da India*)就是在药学领域填补这项空白的一部重要著作。

### 迫切求知

16世纪前50年里，在印度逐渐站稳脚跟的葡萄牙人并非没有致力于搜集东方医药知识，相反，由于许多药材都是东西方之间重要的贸易品，所以对它们的出产和价格情况进行调查的事业从一开始就进行了。托梅·皮莱兹(Tomé Pires，1465—1540)和杜阿尔特·巴博萨(Duarte Barbosa，约1480—1521)以通信形式把包括远至中国的各类知识源源不断地传回欧洲。通过他们的亲身观察和对值得信赖的当地人的询问，东方世界的区域轮廓、港口和市场、风俗民情、饮食习惯以及丰富的自然资源等信息都为葡萄牙政府所知晓。

在丰富的地理、政治和经济报告中，对包括香料和药物在内的新奇热带植物的描述是颇引人兴趣的内容。这些香药很多已在此前的葡萄牙药典中有所记录，但也有部分内容对西方人而言是完全崭新的知识。这些自然界信息来自充满探索精神的旅行者、水手和商人,他们为欧洲人了解世界提供了第一手资料。

对当地知识的了解不仅是欧洲文化上的需求,同时也是葡萄牙拓展殖民事业的需要。为了维持其在东方的存在,葡萄牙人在果阿等战略要地建立了要塞和贸易站。这些单位都驻扎着官员和士兵。尽管这些人往往是闯荡世界的老手,但要适应南亚热带气候、应对当地特有的疫病仍不容易。因此葡萄牙王室在当地建立了医疗网络,调集药剂师来保护欧洲人的健康。在距离本土万里之遥的印度,当局对药剂师的管理丝毫不存在马虎和松弛,他们的行为和所制药剂的质量与价格都受到严格监管。如果被发现药品质量不合格,这些药品会被当众焚烧,而药剂师也

葡萄牙波尔图竖立的
加西亚·德·奥尔塔塑像

会被判处高额罚款。

16世纪40年代,或许出于对更好保持局势稳定、了解后续政策制定重点的需要,葡萄牙当局要求居住在东方的监督者、代理商和药剂师们提供有关亚洲自然资源的可靠信息。其中25份报告形成了现被称为"埃尔瓦什文献汇编"的文集。这些报告以回复指定问题的形式涵盖了囊括果阿、科钦等葡萄牙的印度据点以及波斯、锡兰(今斯里兰卡)的商品、自然资源的贸易路线和市场,香料和药物来源以及关于中国、日本等国家的情报。

尽管如此,居住在东方的葡萄牙人仍然需要一本关于印度医药的全面著作,它不仅应当包含能够应对市场监管和了解物品流动路线的信息,同时还能推动各地医疗卫生的规范化发展。当时从葡萄牙本土调集来的许多医生都仓促上阵,其知识储备无法满足这一需求,而且他们也期待有一本翔实的医书帮助他们尽快提升能力。1563年,《印度方药谈话录》成功扮演了这个角色。

**名医远行**

作为这样一部重要医书的作者,加西亚·德·奥尔塔以渊博的医学知识、严谨的科学态度、优雅的语言风格而受到后人赞扬，但他旅居印度的最初动力却是躲避迫害。

加西亚出生时就伴随着苦难。他的父母原是居住在西班牙巴伦西亚的犹太商人。1492年，犹太人被西班牙伊莎贝拉女王整体驱逐出境。面对这种情况，他们决定迁往葡萄牙。在这里，加西亚有机会在大学接受医学、艺术和哲学教育，随后在里斯本从事了几年医生和教师工作。

果阿地图（1729年）

在权力日益膨胀的宗教裁判所威胁下,加西亚选择远走避难,前往印度。1534年9月,他到达果阿,在那里他很快获得丰富的热带医学实践经验,先后成为当地苏丹和葡萄牙总督等要人的医生。出色的医术不仅给他带来舒适生活,还让他获得了总督的秘密赦免。后来,他的母亲和两个姐妹在里斯本遭到囚禁,加西亚设法把她们营救到了印度。但不幸远没有结束。1565年,果阿也设置了一个宗教法庭,开始对公开和秘密的犹太人、印度教徒和新教徒实施迫害。在生命的最后几年里,加西亚尚能幸免于难,但他的姐姐却在他去世的同年被捕,并于次年被判处火刑。1580年,加西亚的遗体也被挖出烧毁。

葡萄牙人在印度果阿发明的人工牛黄"果阿石"

可以说,在这颠沛流离的一生中,行医既是加西亚的生存之道,也是他不多的精神避难所。他生平多难,但在著作里却呈现出一种积极而认真的态度。

## 热带药典

加西亚在编纂著作时,应当参考了前面提到的那些著作,并把它们融入迪奥斯科里德斯、盖伦等希腊罗马医家及伊本·西那等名医的知识之中。除此之外,他还使用了许多来自各地医师、商人、士兵、仆役等知情者的口述资料,并借助巧妙的叙述技巧把知识编织到一起。全书以字母顺序排列,每章处理一种或近似的几种药材。对于每种药品,加西亚都详细记述了其产地、用途、价格、市场、销售路线和药性等内容。

从书名即可得知,加西亚的著作采用的是对话体,这种复古文体常见于文艺复兴时期的科学著作中。在大多数章节中,知识都是通过另一名医生与加西亚的问答进行阐述的,但有时对话也会被突如其来的访客或事件打断,这些突发场景为医书赋予了文学性,同时也成为作者借以进一步阐述的理由。

由于能够接触到第一手资料,加西亚得以挑战前代权威,纠正许多古典时期以来药典里沿袭的错误。例如对于木香,千百年来的药家一直将其划分成阿拉伯、叙利亚或印度等优劣不同的几种,但加西亚指出这些产品实际上都产于印度西北部,只是经过长途运输后氧化变质的程度不同而已。不同名称更多源于对遥远物种缺乏了解和商人为牟取利润进行的曲解等。

同时,加西亚对印度医学也有所吸收。如对于竹黄这种药物,他就引用《印度单方集》等文献指出前人常把这种竹节分泌物与骨灰相混淆,实际上后者毫无竹黄的疗效。在讨论胡椒时,他也引入一位"匿名药剂师"对来自莫桑比克和果阿等不同地方的胡椒的观察,对黑白胡椒的来源进行了辨析。

《印度方药谈话录》(1563年版本)

通过敏锐而善意的观察,加西亚完成了《印度方药谈话录》这部会通欧洲、阿拉伯和印度不同医学传统的重要著作,从而为欧洲学界填补了热带医学的空白。由于书中知识的新颖性以及所显示的收集、验证和传播相关自然界知识的新方法，使得它很快在整个欧洲传播开来，并对随后百余年医学的发展产生了重要影响。在葡萄牙和印度果阿，许多医疗机构、公园广场都以他的名字命名，他的名字甚至一度出现在葡萄牙货币上，这显示了后人对这名医学家的尊崇。

印度果阿的加西亚·德·奥尔塔公园

## 在南太平洋为植物寻找新居
## ——皮埃尔·波弗

近年来海岛游渐成许多人向往的度假方式。其中,有"印度洋里的明星和钥匙"美誉的毛里求斯集合海滩和高山的旖旎风光,融会亚欧非三洲文化传统,成为颇受好评的旅行目的地。在该国众多景点中,有一处并不算显眼却独具特色的去处,那就是希乌萨古尔·兰姆古兰爵士植物园,俗称庞普勒穆斯植物园。

这座植物园面积不算太大,在巅峰时期约有93英亩(约38公顷),现在仅剩62英亩(约25公顷),但在植物学方面却很有意义。它拥有近300年的历史,很可能是热带地区最古老的植物园,同时也是除南非开普敦的公司花园(始建于 1652 年)外,南半球最古老的植物园。在这里,不仅能看到世界上最大的亚马逊王莲,还有来自东南亚乃至中国的众多植物。当然,与植物相伴的,还有步态沉稳的象龟、周身深红的马达加斯加福迪雀以及不时可见的鹿群等动物。这足以使游人陶醉其中,流连忘返——当然,前提是喷洒了足够的驱蚊药。

庞普勒穆斯植物园里的亚马逊王莲

与很多早期植物园一样,庞普勒穆斯植物园最初只是荒地,它之所以能与世界各大顶级植物园相媲美,完全归功于一位身残志坚的法国园艺学家和植物学家,也是这座植物园实际的开创者——皮埃尔·波弗(Pierre Poivre,1719—1786)。

皮埃尔·波弗画像

### 初到东亚

波弗出生于法国纺织业重镇里昂的一个商人家庭,他很早就进入修道院学习,并渴望到东方传教。这一梦想并非遥不可及。20岁时,这位初出茅庐的小伙子就被派往广南国(位于今越南中南部)和中国传教。他的语言天赋让云南教区的主教在10年后仍印象深刻,同时他也和其他传教士一样,贪婪地积累着阅历,把耳闻目睹的各种信息勤奋地记录下来。从他晚年自述和死后不久出版的传记可知,他的记录是图文并茂的,只可惜这些笔记在战争中遗失了。

1745年1月,在华传教士圈子里盛传着令人不安的消息,那就是欧洲列强已经争斗数年的奥地利领地继承权战争,很可能蔓延到亚洲和美洲等地。当时波弗与广州的法国东印度公司上层人物关系不佳,因此被打发回国。他所乘的船只很大,但船长不听从应全副武装以防英国战舰的劝告,满载货物,仅装备较少武器就启程了。果然在苏门答腊附近的班卡海峡,这三艘法国大船组成的舰队被两艘英国战舰轻松击败。船上货物被卖给荷兰商人,而包括波弗在内的法国人均成为俘虏被送往爪哇岛。不久,法国人得到释放,他们途经暹罗(今泰国)前往法属印度的首府。

在这次海战中,波弗不幸地失去了右前臂,这对于任何人来说都是沉重的打击,而波弗最懊恼的就是他不能再继续作画了。尽管他的笔记本被英国人没收,但被俘后他还是在爪哇岛进一步验证了此前搜集的与荷兰、法国和英国商业有关的信息。他研究了这里大米、靛蓝、咖啡和甘蔗的生产情况,调查了水牛和其他家畜的情况。抵达印度后,他又考察了当地棉花种植、棉纱和棉布纺织以及印染等工艺。

在印度洋的事业上,法国高层相互倾轧,且这种内部斗争让许多事情功亏一篑。波弗与其中一派,即法国岛和波旁岛(即今毛里求斯和留尼汪岛)总督关系亲近。两派总体观点实际上相差不大,均要求广南国开放与法国的贸易,只是波弗更进一步提出,应把荷兰殖民地的香料作物移植到法国领地。

19 世纪的庞普勒穆斯植物园

**移植之路**

几经波折,1748 年波弗终于返回法国。他到巴黎后立即开始大力游说前述两项主张,主要目标就是把肉豆蔻和丁香这两种最重要的香料移植到法国,以打破荷兰商人对香料贸易的垄断。这当然不容易,因为荷兰人的地位是120年前通过与英国和葡萄牙的血腥战斗后获得的,此后他们就对香料生产和贸易严防死守。波弗的上书被法国东印度公司董事们视为60年来最重要的一项提案。不久,他获命出使广南国,经过半年的游说,广南国皇帝同意与法国建立贸易关系,并允许法国在此建造工厂。此后,波弗把主要精力投向第二项任务。

执行第一项任务期间,波弗从途经的南非以及广南国,把肉桂、胡椒、沉香木、漆树、水稻等移种到毛里求斯,此外还把东南亚的糖、丝绸、金属、蜡等的制作工艺以及药物、染料、象牙等商品传到那里。这只是为接下来的行动做准备。1750年6月,波弗前往广州,置办了些商品,作出要到菲律宾进行贸易的姿态。但他的真实目的似乎被本地的竞争对手侦知,以至于次年波弗到达马尼拉时发现对手似乎已在移栽竞赛中取得先机。

经过一番折冲,波弗成功说服菲律宾的西班牙殖民者与他合作,又通过走私贩子获得了肉豆蔻种子。之后波弗试图在菲律宾西南部的三宝颜集结舰船,前往香料群岛。但那里的西班牙长官既害怕得罪波弗的竞争对手,又畏惧荷兰人,拒绝介入此事。等待一阵子后,波弗只好暂时放弃计划,带着19棵肉豆蔻踏上归途。长途跋涉后,仅有5棵珍贵的肉豆蔻种苗到达毛里求斯,但这已经是波弗的巨大胜利。

让外来植物适应新环境也并非易事。波弗发现此前带来的植物,大多因缺乏栽培经验和疏于照料而死去,尤其是他带来的无须过多水分的稻种均已死去。经过一番摸索,肉豆蔻才真正在毛里求斯扎根。

为获得丁香,波弗于1754年再赴三宝颜。上次的经历让不少走私贩子都来打听他,波弗不敢大张旗鼓地出发。他在三宝颜的朋友也移植过丁香,但均未成功。次年2月,波弗秘密启航,尽管他早就掌握相关海域的地图,但船只仍经常找不到夜间停泊的锚点。他们伪装成荷兰船,以此骗过相遇的其他船只。当地人误认为他们是荷兰人,也对他们不理不睬。波弗一直顺利航行到香料群岛以南的帝汶岛,受到当地葡萄牙总督的欢迎,但这里却不产丁香。总督答应波弗代他搜集种子,如果成功他将获得一笔巨款,但此事最终没有下文。

此次航行尽管没有成功,但波弗并非一无所获,他把可可和面包果带到了毛里求斯。1769年,已经担任法国岛和波旁岛总督的波弗，终于物色到一名大胆的航海者，成功把丁香从荷兰人手中抢夺过来。

1769—1770年波弗派遣队伍获取丁香路线示意图

## 东西桥梁

1757年后，波弗回到法国，在此期间他成为经济界和科技界的名流。他熟悉技术，倡导保护农业、商业和工业，经常发表这些领域的演讲。与当时重农经济学派大多数人一样，他把中国视为施政的楷模，并为法国学者撰写汉学著作提供资料。1764年，他在里昂接待了两名来自中国的年轻神父高类思和杨德望。他带着他们走访里昂的纺织厂和染坊，期待能帮助他们把法国的工业和科学信息带回中国。直到 1767 年上任法国岛总督时,他还携带贡布林挂毯等特产以及一笔经费,准备捎给已经回国的两位中国神父。

波弗对东西方贸易持开放态度。他在演讲中以罗马货币因进口东方奢侈品而大量外流为例,认为这种表面上的逆差对罗马经济并无大碍,因为这些商品既满足了国内需求,又能从其他国家赚取更多钱财。就任法国岛和波旁岛总督的五年里,波弗反对过分掠夺殖民地的资源,而是既改善当地人生存条件,又汇集人才,并用各种香料和植物点缀两座岛屿,努力实现自给自足。这些政策,在 1769 年法国东印度公司濒临倒闭之际,使得波弗管辖的地方成为法国在印度洋最稳固的阵地。

19 世纪末拍摄的庞普勒穆斯植物园中的仙人掌

19世纪末拍摄的庞普勒穆斯植物园中的棕榈树

18—19世纪,是全球物种大交换的时期,许多珍奇的动植物价值不亚于黄金钻石,点缀园林的需求既驱使许多园艺专家从中获取财富,同时也促进了博物学的发展。波弗往往被他们视为效仿的偶像。

# 热衷于中国植物的英国商人
## ——布雷克

在科学史上，18 到 19 世纪是博物学蓬勃发展的时代。博物学是人类通过对动物、植物、矿物、生态系统进行宏观层面的观察、描述、分类，来与大自然打交道的一门古老学问。在当时世界科学中心的英国，博物学吸引着社会大众关注和参与科学文化活动。近代，许多来到东方的西方人，在拥有航海家、商人、军人等身份的同时，也从事业余科学活动，约翰·布拉德比·布雷克（John Bradby Blake，1745—1773）就是其中一位。

**植物商人**

1768 年 9 月初，伦敦富商约翰·海德在家接待了一对父子，其中父亲是东印度公司的资深船长，年轻的儿子担任货监。他们刚从广州返回，带来一些图画，上面准确绘出了植物从播种到结籽各个阶段的模样以及植物的中文名称，显然这些植物都来自中国。

海德对这类绘画并不陌生。中国庭院错落跌宕的美学正风靡于英国，不久前皇家园林邱园里还新建了一座引人注目的中式宝塔。从东方进口的卷轴、瓷器等工艺品上绘制的菊花、茶花以及牡丹等中国花卉，更是激起英国绅士们的好奇心。他们的胃口随着东印度公司商船带

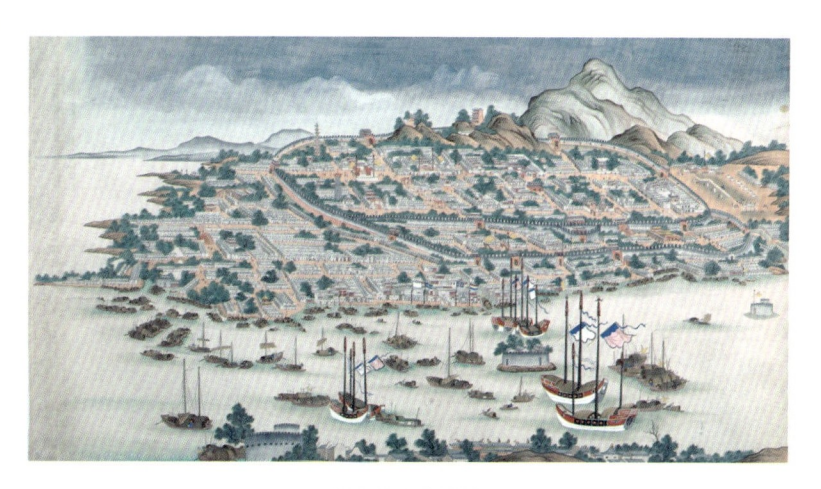

18 世纪末的广州

回的新品种而被吊得越来越高，使得新奇的东方物种成为一类有利可图的生意。

海德或许知道，面前这位年轻人布雷克在 8 年前，也就是 15 岁时，就曾向皇家文艺制造商业学会提交过一份从中国进口有用植物种子的方案，当时他还附了 91 幅家藏绘图供人参考。随后他在大英博物馆观察了很多来自中国的植物标本，还得到一位熟悉植物分类学的瑞典科学家丹尼尔·索兰德亦师亦兄般的帮助，这为他后来的广州之旅打下坚实的植物学基础。

布雷克称，他很快即将返回广州，如果海德对所展示的哪种植物感兴趣，他可以帮助搞到相应的种子。作为东印度公司的商务总监，他希望通过研究中国博物学来帮助英国，中国这个遥远国度的植物可以提供油料、药材、食

黄月季

物、染料等许多产品,而这些在欧洲是罕为人知的。海德非常欣赏布雷克的殷勤态度和旺盛的求知欲,便把消息扩散到包括捕蝇草的命名者、亚麻商人约翰·埃利斯在内的圈子,他们后来都成为布雷克的主顾。

10个月后,布雷克回到广州,他从当地贸易伙伴、园丁和朋友那里大力收集植物,把它们运送回英国各家植物园。通过亲自种植,布雷克获得了种子发芽、出苗、修剪和养护的一手知识,并尝试改变其生产条件和时令,为这些植物移栽到北美等英国殖民地提供建议。

尽管孜孜不倦于搜集种子,但布雷克显著意识到从科学角度,对这些植物的已有描述仍相当匮乏,他试图把植物特征与带到广州的几部植物分类学书籍进行对照,但他仍需要与索兰德等专业学者进行系统性的配合。因此向英国运送的物品,除种子外又增加了植物的图画,这开启了布雷克新的行动计划。

**壮志未酬**

大约在1771年,布雷克形成一个设想,即"形成一部描绘自然物的《中国物种全集》,内容应包含标本、植株、种子,及对它们用途、优点、文化、时令、果实和成熟时间的所有必要描述"。植物生长的各个阶段,都要绘制彩图予以显示,因此可能需要几个月、一年乃至更久才能完成。

作为东印度公司的职员,布雷克受公司规章和清朝法令约束,只能在 11 月到次年 3 月的贸易季留居广州,其他时间必须离开。当然布雷克可以选择转移到最近的澳门。在这种情况下,他仍在不同地方继续未完成的工作,

布雷克所绘的龙眼彩图

例如关于龙眼的绘制,果实画于 1771 年 8 月 6 至 8 日,而花及其剖面图完成于次年 4 月 21 日。

布雷克的计划得以实施的一项有利条件在于,广州作为清朝最主要的外贸商埠,以外销瓷器和瓶饰绘画为基础,已经出现一批懂得西方绘画技巧、熟悉西方客户喜好的画师群体。所以布雷克很容易找到技巧娴熟、价格

低廉的画师,协助他持续工作。据一位画师说,在澳门他们每天要和布雷克画 10 个小时。

与绘画的技术细节相比,更重要的问题是画什么,也就是挑选能够生产且有用的植物。布雷克打算从中国本草著作中寻找资料,但他不懂中文,于是挑选了一名中国助手来帮助他挑选植物,并向他解释这些植物的经济价值和文化意义,这位助手就是 Whang at Tong。关于此人的中文名字,曾有人推测为"黄亚东""黄东"等,近年程美宝教授考证其为"黄东"。他的注释,在布雷克留下的手稿资料中几乎随处可见。但他们如何结识,后者怎么学会英语和相关植物学知识,仍有许多不明之处。

最后需要解决的是如何保证绘图和植物辨识的科学性。布雷克与索兰德一直保持联系,他不断把作品寄给索兰德,获得绘画准确性方面的建议以及其他反馈意见。索兰德还帮他把

布雷克所绘的长春花彩图

描绘的植物与已知物种相匹配。布雷克的成果由此与学界前沿产生了密切的联系。

可惜的是,布雷克的宏伟计划因其英年早逝而遽然停止。1773年11月,布雷克在广州死于胆结石的并发症,年仅28岁。这时他的名字正位列班克斯等推荐的皇家学会会员候选人名单之中。他去世的消息传回伦敦后,在沉痛悼念的同时,学界对他的工作予以高度认可和赞扬。

### 身后余响

短短两年间,布雷克与中国画师合作完成了四卷150多幅中国植物彩绘图书,其中大部分植物是中国原生植物,少数是几个世纪间从其他地方引入广州和澳门的物种。

布雷克带来的中国与西方间的交流,并没有因他的去世而完全结束,而是另一个故事的开始。布雷克留下的包括画卷在内的遗物,很可能由其中国合作者黄东带回欧洲。一般认为黄东于1774年8月抵达伦敦,受到布雷克父亲的招待。

1775年1月,老布雷克陪同黄东出席了英国皇家学会的开年会议,当晚他们还与包括班克斯在内的皇家学会学者共进晚餐。这次活动的异国情调除来自黄东外,还部分来自库克船长在第二次太平洋航行中带回的塔西提人奥迈。1776年前后,著名肖像画家雷诺兹给这两位东方人绘制了肖像。从肖像中可以看出,黄东为约20岁的青年,恰与布雷克初到中国时的年纪相近。

据记载,黄东引起布雷克的老同学萨克维尔的兴趣,被后者招揽为书童,还曾进入文法学校读书。黄东在上流社会很引人注意,经常出没于贵族聚会。

但黄东不仅是一个充满异国风情的观赏物,他自身的文化背景足以让他获得真正的尊重。

中国鹧鸪

班克斯把黄东引入他的社交网络中,带他结识了许多学界要人。黄东对诸如瓷器、中医、中国画、汉文古籍等问题的解答,他丰富的学识和较高的英语交流水平给人们留下了深刻的印象。

不过黄东本人并无投身学术的大志,而是想为日后从商铺路。不久,他就返回广州成为一名商人,但他与班克斯的通信并未中断。班克斯主动给他写过信,这从1796年黄东的回信中可以知道。在这封回信里,黄东提到托英国商船送给班克斯中国史书、茶叶、牡丹花等礼物。此后黄东的行踪就不为人知了。